DR. PETRA BRACHT

GLUKOSE

BLUTZUCKER RUNTER, GESUNDHEIT RAUF

DR. PETRA BRACHT

GLUKOSE

BLUTZUCKER RUNTER, GESUNDHEIT RAUF

VORWORT

THEORIE

Das macht zu viel Zucker mit dir und deiner Gesundheit

So kriegst du den Blutzucker spielend in den Griff

PRAXIS

Rezepte

Auf den Punkt gebracht oder: Es ist an der Zeit!

Das Thema Glukose ist gerade ziemlich angesagt und damit ein richtiger Trend. Und das ist auch gut so. Denn obwohl es immens wichtig für unsere Gesundheit ist, wissen die meisten Menschen noch immer viel zu wenig darüber oder sind fehlinformiert und gehen nicht so damit um, wie es für ihre Gesundheit wichtig wäre.

Gib Diabetes keine Chance!

Was Zucker in und mit unserem Körper macht, beschäftigt mich als Ernährungsmedizinerin schon viele, viele Jahre – genau genommen fast vier Jahrzehnte, so lange wie ich Patienten in meiner Praxis betreue.
Und wenn du bereits einige meiner Bücher kennst, weißt du, dass die Krankheit »Altersdiabetes« von mir schon immer als die große Pandemie dieser Zeit bezeichnet wird. Nach offiziellen Zahlen sind 8,7 Millionen Deutsche und damit über zehn Prozent der deutschen Bevölkerung bereits betroffen. Darüber hinaus schätzt man die Dunkelziffer auf etwa 2 Millionen. Und in diesen Zahlen ist die Vorstufe des Diabetes, die Insulinresistenz, noch gar nicht berücksichtigt.
Diabetes Typ 2 ist also längst zu einer Volkskrankheit geworden, die nicht selten bereits im Kindesalter beginnt. 30 Prozent der übergewichtigen Jugendlichen unter 14 Jahren zeigen die ersten Anzeichen für die Erkrankung »Altersdiabetes«. Schon daran ist zu erkennen, dass es massive Missverständnisse bei dieser Krankheit gibt. Aber wie kommt es, dass sie in unserer modernen Zeit für große Teile der Bevölkerung weitestgehend »normal« geworden zu sein scheint? Ist sie mittlerweile vielleicht sogar unumgänglich? Diese Frage kann ich aus meiner Sicht schon jetzt ganz klar mit einem »Nein« beantworten. Auf keinen Fall! Typ-2-Diabetes ist kein Schicksal oder Begleiterscheinung des Alterns. Diese Krankheit ist weitgehend »hausgemacht«. Und sie beginnt mit einer zu zuckerreichen Ernährung …

Süße Lust, süße Last

Was aber ist überhaupt dran am Zucker, dass viele ihm so verfallen sind? Liegt es daran, dass er dieselben Areale im Gehirn aktiviert wie Drogen und deshalb richtiggehend süchtig zu machen scheint?
Zum einen ist es tatsächlich so, dass der süße Geschmack ein wohliges Gefühl auslöst. Zucker und zuckerhaltige Nahrungsmittel sprechen unser Belohnungszentrum im Gehirn an, das den Botenstoff Dopamin produziert. Der sorgt für gute Laune und Glücksgefühle. Zum anderen signalisieren uns süße Lebensmittel aber auch, dass sie besonders energie-

dicht sind und unser Überleben sichern. Diese positive Erfahrung machen wir bereits mit unserer ersten Nahrungsaufnahme, der Muttermilch. Und schließlich kann unser Körper Zucker besonders gut und schnell verwerten: Er wird direkt in die Blutbahnen geschleust und gibt uns so in kürzester Zeit einen wahren Energieschub.
Das alles ist zunächst nichts Schlechtes, ganz im Gegenteil. Wir brauchen Zucker, um unseren Alltag mit all seinen Anforderungen zu bewältigen. Unser Gehirn ist genauso auf ihn angewiesen wie jede einzelne Zelle unseres Körpers. Allerdings nicht in der Form, wie er heute meistens daherkommt: in Form von schnellen Kohlenhydraten aus Weißmehl(produkten), Fast Food, Süßigkeiten und Softdrinks.
Wer sich »herkömmlich« ernährt, mit vielen Snacks und Fertiggerichten und zudem noch Süßes liebt, tappt ganz schnell in die Glukosefalle – und das hat auf lange Sicht verheerende Auswirkungen auf das Wohlbefinden und die Gesundheit. Es ist also höchste Zeit, etwas an unserer Ernährung zu verändern.

Ciao, ciao, Blutzuckerspitzen

Aber keine Panik! Ich bin, wie du vielleicht weißt, keine Low-Carb-Anhängerin. Ganz im Gegenteil: Glukose aus vollwertigen Kohlenhydraten ist und bleibt für mich der beste und einfachste Energielieferant, den es gibt. Deshalb wirst du auf Zucker auch nicht verzichten müssen, vielleicht aber den Umgang mit ihm liebevoll und im Wissen warum verändern dürfen.
Worum es geht, ist, den Zuckerspiegel im Blut auf Dauer auf ein flaches Niveau zu bekommen und die unerwünschten Blutzuckerspitzen zu vermeiden. Sie sind nämlich der Grund dafür, dass unser Körper, genauer gesagt unsere Bauchspeicheldrüse immer mehr von dem Hormon Insulin produziert, das den Zucker aus dem Blut in die Zellen befördert, wo er dann verbrannt wird und Energie für uns erzeugt. Insulin ist, wenn du es so willst, der »Doorman« für die Glukose.

Schluss mit der Insulinschwemme

Allerdings hat es dieses Hormon in großen Mengen ganz schön in sich: Es führt zu Heißhunger, fördert den Fettaufbau, erhöht den Blutdruck und einiges mehr, was auf Dauer zu ernsten Problemen führen kann. Und darüber hinaus reagieren die Zellen durch zu hohe Mengen immer weniger auf den »Schlüssel« und so entwickelt sich nach und nach die bereits angesprochene Insulinresistenz. Und was macht die Bauchspeicheldrüse? Sie schüttet einfach noch mehr Insulin aus, weil die bisherigen Mengen offenbar nicht ausreichen, um den Zucker abzutransportieren. Wen wundert's, dass das völlig überlastete Organ irgendwann einfach schlappmacht. Dann ist plötzlich gar kein Insulin mehr im Blut, dafür aber umso mehr Zucker. Der Diabetes ist da – und mit ihm viele andere Krankheiten, denen er Tür und Tor öffnet, wie Bluthochdruck, Nervenschädigungen, Durchblutungsstörungen, Abnahme der Sehfähigkeit, Herzinfarkt, Schlaganfall, Niereninsuffizienz und sogar Krebs. Lass es nicht so weit kommen!

Gewusst wie

Zum Glück wissen wir heute zweifelsfrei, dass eigentlich nur zwei Veränderungen in den Lebensgewohnheiten notwendig sind, um diesem Negativkreislauf zu entrinnen: Eine davon ist die Ernährung. Gesundes hochwertiges Essen mit einem hohen Anteil an Gemüse, Salat, Hülsenfrüchten und Vollkornprodukten ist die beste Empfehlung für ein langes, gesundes Leben frei von Diabetes Typ 2. Und mit regelmäßiger Bewegung haben wir ein zweites wirkmächtiges Werkzeug in der Hand.
Dieses Buch soll dir dabei helfen, deinen Blutzucker in den Griff zu bekommen und nie an Diabetes zu erkranken. Und wenn du bereits betroffen bist, soll es dir helfen, die Krankheit wieder loszuwerden. Deshalb geht es auf den folgenden Seiten vor allem um eins: das notwendige Wissen über und den richtigen Umgang mit Glukose und Kohlenhydraten – denn die bestehen zum größten Teil ebenfalls aus Glukosemolekülen. Und zum Beweis, dass du dabei auf Genuss nicht verzichten musst, gibt es im hinteren Teil des Buches viele superleckere, gesunde und sättigende Rezepte, die die Blutzuckerkurve schön flach halten. Lass dich überraschen, wie genussvoll die blutzuckergesunde Küche sein kann!

Mach dich bereit

Ich möchte dich mitnehmen auf eine Entdeckungsreise. Wenn du dich für mehr Gesundheit und maximale Energie interessierst und nebenbei eine gute Figur bekommen möchtest, gibt es unglaublich viel Spannendes zu erfahren – ganz egal wie alt du bist, ob du gesund bist oder krank.
Ich wünsche mir, dass dieses ganze Wissen schon unseren Kindern mit Spannung und Leichtigkeit im Biologieunterricht in der Schule vermittelt würde. Aber wer weiß, vielleicht setzt ja bereits die nächste Generation dieses Wissen um und es prägt dann automatisch ihre Lebensgewohnheiten. Das wäre der einfachste und natürlichste Weg, seine Gesundheit frei von Diabetes und all den Begleiterkrankungen bis ins hohe Alter aufrechtzuerhalten.

Dass auch dir das gelingt, wünsche ich dir von Herzen!

Das macht zu viel Zucker mit dir

und deiner Gesundheit

Er kommt nett daher, süß und verführerisch … Dabei hat Zucker es durchaus in sich. Nicht nur Zahnärzte warnen vor Süßigkeiten und Softdrinks. Zu viel davon kann für den gesamten Körper dramatische Folgen haben. Denn das »süße Gift« bereitet zahlreichen, auch schweren Krankheiten den Weg.

Alles Zucker, oder was?

Wie wir uns fühlen, hat viel mit dem zu tun, was wir essen – und ganz besonders trifft das auf den Zuckerkonsum zu.

Fühlst du dich oft erschöpft und müde, kannst aber nachts nicht richtig schlafen? Kannst du dich oft nur schlecht konzentrieren? Machen dir häufige Stimmungsschwankungen zu schaffen? Schreit dein Gehirn tagsüber immer wieder: »Hunger!«? Hast du ständig Lust auf Süßes und kriegst miese Laune, wenn dann nicht sofort etwas zum Knabbern in der Nähe ist? Ist »Hangry«, diese wunderbare englische Wortschöpfung aus »hunger« (Hunger) und »angry« (zornig), dein zweiter Vorname? Hast du Probleme mit deiner Haut? Bist du oft erkältet? Bringst du zu viele Kilos auf die Waage, schaffst es aber einfach nicht abzunehmen? Spielen als Frau deine Hormone verrückt? Und fragst du dich jetzt gerade vielleicht, was das all miteinander zu tun haben soll?
Ganz einfach! All diese Probleme könnten dieselbe Ursache haben: den Blutzucker.

Blutzucker und HbA1c

Dein Blutzuckerwert sagt aus, wie hoch die Glukosekonzentration in deinem Blut ist. Je nachdem, was und wie viel du isst, geht er mal nach oben, mal nach unten. Morgens ist er in der Regel am niedrigsten, weil die meisten von uns nachts schlafen und in dieser Zeit, zumindest normalerweise, nicht essen. Am höchsten ist der Blutzuckerwert etwa eine Stunde nach dem Essen. Danach sinkt er wieder ab. Idealerweise wird der Blutzuckerwert deswegen immer auf nüchternen Magen bestimmt, also nach einer acht- bis zehnstündigen Nahrungspause. Beträgt der Messwert dann 60–100 mg/dl, liegst du völlig im grünen Bereich. Wenn du deinem Körper dennoch etwas Gutes tun und dein Gesundheitspotenzial noch viele Jahre erhalten willst, lege ich dir trotzdem die Ernährungsempfehlungen aus diesem Buch ans Herz. Sie schaffen einfach die beste Grundlage für ein langes Leben in bestmöglicher Gesundheit – auch weil sie die Blutzuckerkurve schön flach halten und es dir deswegen immer besser gehen kann.
Bei einem Nüchternblutzuckerwert von 100–126 mg/dl (5,6–7 mmol/l) liegt eine sogenannte Insulinresistenz vor, die auch als Prädiabetes bezeichnet wird (siehe Seite 32). In so einem Fall ist eine weiterführende Diagnose nötig, um einer weiteren Verschlechterung entgegenzuwirken und wieder in den Normbereich zu kommen. Dabei helfen auch alle Informationen und Tipps, die du ab Seite 38 bekommst. Denn das wichtigste Hilfsmittel, um wieder in den grünen Blutzuckerbereich zu kommen, ist und bleibt die richtige Ernährung.

Ab einem Wert von 126 mg/dl (7 mmol/l) lautet die Diagnose: Diabetes mellitus. Aber auch dann ist noch nichts zu spät. Mit dem entsprechenden Lebensstil lässt sich die Krankheit deutlich verbessern oder sich, je nachdem, wie weit sie schon fortgeschritten ist, sogar gänzlich heilen.

Ein weiterer sehr wichtiger Wert für deinen Blutzuckerspiegel ist der HbA1c-Wert. Hb, das steht für Hämoglobin, den roten Blutfarbstoff. Kommt es immer wieder zu Blutzuckerspitzen oder ist der Blutzuckerwert dauerhaft erhöht, »verzuckert« (glykolisiert) ein Teil von ihm. Das Molekül, das dadurch entsteht, trägt den Namen A1c. Dementsprechend gibt der HbA1c-Wert die Menge der verzuckerten Teilchen im Blut an.

Weil sich die Glykolisierung nicht mehr umkehren lässt und die roten Blutkörperchen (Erythrozyten), die den Farbstoff in sich tragen, durchschnittlich 120 Tage leben, zeigt der HbA1c-Wert sehr zuverlässig, wie viel Blutzucker sich in dieser Zeit an die roten Blutkörperchen gebunden hat. Er wird deshalb auch gerne als Langzeitblutzuckerwert oder Blutzuckergedächtnis bezeichnet. Der HbA1c-Wert ist also das Spiegelbild deines Blutzuckerwerts während der letzten zwei bis drei Monate.

Wie kommt man an die Werte?

Auf die klassische Art wird für den Test Blut abgenommen – zum Beispiel beim Check-up 35, einer Vorsorgeuntersuchung, für die die gesetzlichen Krankenkassen alle drei Jahre die Kosten übernehmen. Man kann den Wert aber auch zwischendurch vom Arzt und auch in manchen Apotheken ermitteln lassen, mit einem Pieks in die Fingerkuppe. Es gibt sogar kleine Messgeräte für den Hausgebrauch, bei denen mithilfe einer sterilen Einmal-Stechhilfe etwas Blut aus dem Finger genommen und anschließend mithilfe eines eingelegten Messstreifens analysiert wird. Diese Geräte sind aber vor allem etwas für Diabetiker, die ihren Blutzuckerspiegel regelmäßig kontrollieren sollten. Es gibt auch Teststreifen, mit deren Hilfe der Blutzuckerwert über den Urin ermittelt werden kann. Sie sind allerdings nicht besonders genau und daher nur eingeschränkt zu empfehlen. Wer gesund ist und bei dem der Check-up 35 keine erhöhten Zuckerwerte ergeben hat, kann aber ohnehin getrost nur einmal jährlich nachkontrollieren (lassen).

Nüchternblutzuckerwerte

Der Nüchternblutzuckerwert kann in zwei Einheiten angegeben werden: in Milligramm pro Deziliter oder in Millimol pro Liter – oder kurz und knackig in mg/dl bzw. mmol/l. Je niedriger der Wert, desto besser.

- Diabetes: ab 126 mg/dl (über 7 mmol/l)
- Insulinresistenz: 100–126 mg/dl (5,6–7 mmol/l)
- gesund: unter 100 mg/dl (unter 5,6 mmol/l)

> **HbA1c-Wert**
> Der Langzeitblutzuckerwert wird in Prozent angegeben (Anteil des HbA1c am gesamten Hb). Auch hier gilt: Je niedriger der Wert, desto besser.
>
> - Diabetes: > 6,5 %
> - Insulinresistenz: 5,7–6,4 %
> - gesund: < 5,7 %

Wenn die Werte beim Check kritisch waren, also zwar noch kein Diabetes vorliegt, der Weg dahin aber aufgezeichnet ist (Insulinresistenz/Prädiabetes), empfiehlt sich eine Kontrolle mindestens zweimal jährlich, um das Fortschreiten der Krankheit beobachten und wenn nötig eingreifen zu können.

Die Sache mit den Glukosespitzen

Zu viel Zucker im Blut ist also gesundheitsgefährdend und damit richtig gefährlich! Er macht dich nämlich nicht nur müde, unkonzentriert und hangry, sondern schädigt auf Dauer im schlimmsten Fall die Gefäße, verursacht Entzündungen, beschleunigt die Alterung und rollt nicht zuletzt den roten Teppich aus für Typ-2-Diabetes und all seine Folgeerkrankungen. Deshalb verfügt unser Körper über verschiedene Mechanismen, die den Zuckerpegel stabil halten (welche das sind, darauf komme ich gleich noch zu sprechen).

Trotzdem: Nach so gut wie jeder Mahlzeit wird dein Blutzuckerspiegel erst einmal ansteigen (Ausnahme: Das, was du isst, enthält wirklich überhaupt keinen Zucker – doch auch davon gibt es wieder Ausnahmen, zum Beispiel wenn es stattdessen sehr viel tierisches Eiweiß enthält, das ähnliche Reaktionen auslösen kann wie Zucker, siehe Seite 47 f.).
Ab nach oben geht es nach 10–15 Minuten, von da an klettert der Wert immer höher, bis er nach etwa einer Stunde seinen Höhepunkt erreicht hat und langsam wieder sinkt. Wird der Blutzuckerwert als Linie in einer Grafik dargestellt, steigt diese also erst auf und geht dann wieder nach unten. Das ist wie gesagt ganz normal. Worauf es ankommt, ist, dass die Kurve nicht zu schnell und nicht zu stark nach oben und unten ausschlägt, sondern möglichst gleichmäßig verläuft. Dann kann der Körper den Zucker nämlich bestmöglich verwerten. In Zahlen: Nach etwa einer Stunde sollte der Blutzuckerwert idealerweise maximal 120–140 mg/dl bzw. 6,7–7,8 mml/l betragen und sich nach einer weiteren Stunde wieder bei 100 mg/dl bzw. 5,6 mml/l oder darunter einpendeln.
Ich bringe hier gleich mal zwei Begriffe ins Spiel, die du vielleicht noch nicht kennst, die im Hinblick auf Blutzuckerwerte aber häufig fallen: präprandial und postprandial. Der präprandiale Blutzuckerwert ist der, der vor einer Mahlzeit gemessen wird, der postprandiale der danach. Und genau dem hat man lange Zeit nur wenig Beachtung geschenkt. Vielmehr galt: Gemessen wird auf nüchternen Magen, bei Diabetikern auch vor dem Essen und eventuell noch einmal zwei Stunden danach. Natürlich lässt sich damit ein

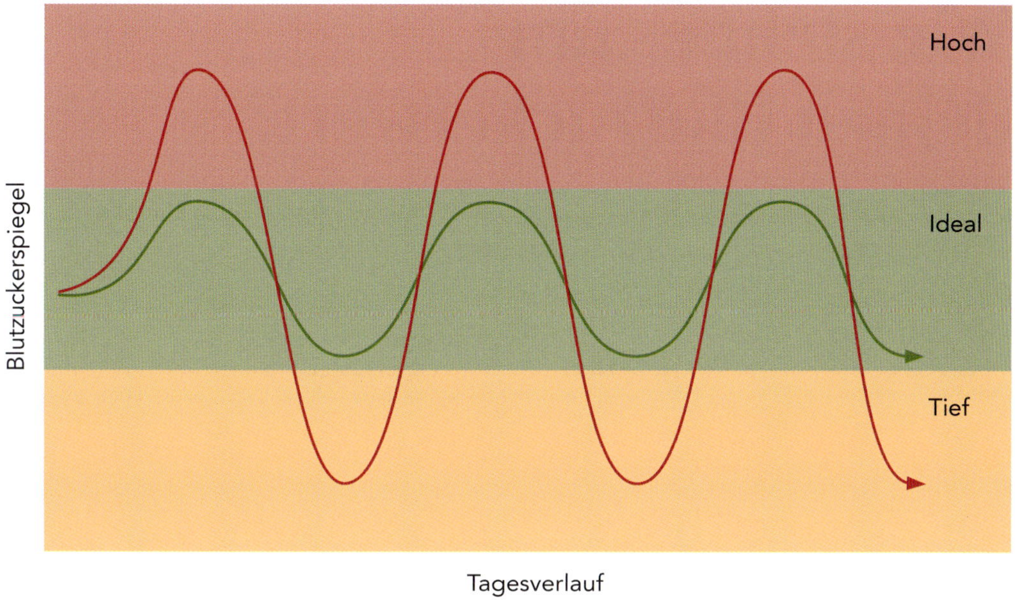

guter Überblick über den Blutzuckerspiegel im Allgemeinen verschaffen. Was aber unentdeckt bleibt, ist, ob der Blutzuckerwert nach dem Essen vielleicht auch mal über die empfohlene 140er-Marke hinausschießt. Solche unkontrollierten Höhenflüge werden als Glukosespitzen bezeichnet. Und so viel schon mal vorweg: Du musst überhaupt nicht viel essen, um hier »Spitzenwerte« zu erreichen. Es kommt nur darauf an, dass genug Glukose darin enthalten ist. Doch auch dazu gleich noch mehr …

Weil sich kaum jemand nach jedem Essen pieksen möchte, um zu erfahren, wie es um den Zuckerwert steht, und auch um den Glukoseverlauf generell besser beobachten zu können, hat man spezielle Messgeräte entwickelt. Sie werten nicht das Blut, sondern die Flüssigkeit des Unterhautfettgewebes aus. Dazu wird ein kleiner Sensor am Bauch oder Oberarm aufgeklebt, von dem ein dünner Messfaden unter die Haut geht. Dort misst er im Abstand weniger Minuten immer wieder den Glukosewert und sendet das Ergebnis an ein entsprechendes Empfangsgerät. Die Methode nennt man kontinuierliches Glukosemess-System oder auch einfach CGM (entsprechend dem englischen Continuous Glucose Monitoring). Das Tolle an dieser Methode: Du kannst damit nicht nur jederzeit schmerzfrei deinen Blutzuckerwert kontrollieren. Du kannst auch ganz genau beobachten, wie dein Körper auf bestimmte Lebensmittel reagiert – und somit den gefährlichen Glukosespitzen gezielt entgegensteuern.

Wie steht es um deinen Blutzuckerwert?

Nimm dir einen Stift und ein paar Minuten Zeit und beantworte ehrlich die folgenden Fragen über dich und deinen Lebensstil.

- Fühlst du dich oft erschöpft? Ja ☐ Nein ☐
- Bist du häufig gereizt? Ja ☐ Nein ☐
- Fällt es dir häufig schwer, dich zu konzentrieren? Ja ☐ Nein ☐
- Schwankt deine Stimmung immer wieder stark? Ja ☐ Nein ☐
- Bist du tagsüber oft müde? Ja ☐ Nein ☐
- Kannst du nachts nicht richtig schlafen? Ja ☐ Nein ☐
- Wachst du manchmal mitten in der Nacht mit Herzrasen auf? Ja ☐ Nein ☐
- Machen dich auch mehrere Tassen Kaffee nicht richtig munter? Ja ☐ Nein ☐
- Isst du öfter als dreimal am Tag? Ja ☐ Nein ☐
- Bist du oft sehr durstig? Ja ☐ Nein ☐
- Isst du vor dem Schlafengehen? Ja ☐ Nein ☐
- Gehst du nachts öfter mal an den Kühlschrank? Ja ☐ Nein ☐
- Hast du eine Schwäche für Süßes? Ja ☐ Nein ☐
- Trinkst du vorwiegend Softdrinks? Ja ☐ Nein ☐

- Bist du aufbrausend, wenn du Hunger hast? Ja ☐ Nein ☐
- Wird dir mau und schwindelig, wenn du längere Zeit nichts isst? Ja ☐ Nein ☐
- Bist du häufig gereizt? Ja ☐ Nein ☐
- Denkst du kurz nach dem Essen gleich schon wieder an die nächste Mahlzeit? Ja ☐ Nein ☐
- Hast du mit Akne zu kämpfen? Ja ☐ Nein ☐
- Bist du oft erkältet? Ja ☐ Nein ☐
- Für Frauen: Spielen deine Hormone manchmal verrückt? Ja ☐ Nein ☐
- Noch mal für Frauen: Unerfüllter Kinderwunsch? Ja ☐ Nein ☐
- Und noch mal: Hast du Wechseljahrbeschwerden? Ja ☐ Nein ☐
- Wird dein Oberbauch immer dicker? Ja ☐ Nein ☐
- Hast du Übergewicht? Ja ☐ Nein ☐
- Möchtest du gerne abnehmen, scheiterst damit aber immer wieder aufs Neue? Ja ☐ Nein ☐

Auflösung:

Hast du mehr als die Hälfte aller Fragen mit »Ja« beantwortet? Dann liegt der Verdacht nahe, dass deine Ernährungsweise immer wieder Blutzuckerspitzen verursacht, die anschließend eine Kaskade von negativen Begleiterscheinungen ins Rollen bringen. Höchste Zeit, etwas dagegen zu unternehmen. Denn das Tolle ist: Schon mit wenigen Veränderungen und einer Handvoll Tipps kannst du deinen Blutzuckerwert in die Balance bringen, dich fitter fühlen und Krankheiten vorbeugen – oder sie sogar überwinden. Ab Seite 38 zeige ich dir, wie das geht.

Du konntest bei den meisten Fragen »Nein« ankreuzen? Super, wie es aussieht, hast du deine Blutzuckerwerte gut im Griff. Meine Empfehlungen ab Seite 38 helfen dir, dieses Niveau so lange wie möglich zu halten, damit du bis ins hohe Alter so gesund und fit bleibst wie heute.

Glukose – Elixier des Lebens

Keine Frage: Zu viel und vor allem die falschen Zucker sind extrem schädlich. Aber ohne den Energielieferanten geht es nicht.

Also ich finde, langsam wird es Zeit, mal zu erklären, was Glukose überhaupt ist: Sie gehört wie alle Zucker zu den Kohlenhydraten. Das weißt du bestimmt, aber in diesem Buch möchte ich der Sache mal so richtig auf den Grund gehen und deshalb komme ich gleich zur nächsten Frage: Was genau sind eigentlich diese Kohlenhydrate?
Wenn die Sprache auf sie kommt, denken die meisten Menschen vermutlich erst einmal an Kartoffeln, Nudeln und Brot. Aber Kohlenhydrate sind keine Lebensmittel, sie stecken nur in vielen davon. Sie gehören wie Eiweiß und Fett zu den sogenannten Makronährstoffen – und sie stammen zum größten Teil aus Pflanzen.

Energie aus Pflanzen

Pflanzen brauchen, um wachsen und sich vermehren zu können, Energie. Im Gegensatz zu uns Menschen und überhaupt allen anderen Lebewesen (eine Ausnahme bilden nur ein paar bestimmte Bakterienarten) sind sie in der Lage, diese Energie selbst herzustellen. Sie bilden dazu aus Wasser, Kohlendioxid und Licht Kohlenhydrate. Diesen Prozess nennt man Fotosynthese – kennst du vielleicht noch aus dem Biologieunterricht. Praktischerweise entsteht dabei als Nebenprodukt übrigens auch noch Sauerstoff. Damit schenken uns Pflanzen nicht nur Energie zum Essen, sondern auch die Luft zum Atmen. Ohne Pflanzen gäbe es kein Leben auf

Stärke und Zellulose – ein kleiner, aber entscheidender Unterschied

Stärke und Zellulose sind beide Vielfachzucker (Polysaccharide), die aus vielen einzelnen Glukosemolekülen zu Ketten verbunden werden – allerdings auf unterschiedliche Weise. Während bei der Stärke die einzelnen Glukosemoleküle als sogenannte α-Glycoside verbunden sind, werden sie bei Zellulose als β-Glycoside zusammengehalten. Um die Verbindungen zu lösen, braucht es Enzyme. Und genau hier liegt das Problem: In unserem Körper gibt es nur spezielle Enzyme für α-Glycoside, nicht aber für β-Glycoside. Deshalb können wir Stärke verdauen, Zellulose dagegen nicht.

der Erde, zumindest keins, wie wir es kennen. Aber wieder zum Thema: Das wichtigste Kohlenhydrat, das bei der Fotosynthese entsteht, ist Glukose. Sie ist der Grundbaustein für so gut wie alle anderen Stoffe der Pflanze. Kohlenhydrate dienen der Pflanze aber nicht nur als Energie, sondern in Form von Zellulose auch als Baustoff. Dazu werden wie bei der Stärkebildung wieder viele einzelne Glukosemoleküle zu Ketten verbunden, allerdings diesmal auf eine andere Weise (siehe auch Seite 20).

Auch diese Kohlenhydrate tauchen in unserer Nahrung auf: Das, was für die Pflanze Stützmaterial ist, damit ihre Zellen nicht in sich zusammenfallen, bezeichnen Ernährungswissenschaftler als Ballaststoffe. Dass sie aber kein Ballast sind, sondern genau das Gegenteil und den Körper, genauer gesagt den Darm, »entlasten«, ist entscheidend für eine gesunde Ernährung und auch für einen harmonischen Blutzuckerspiegel. Deswegen wirst du dazu später noch mehr erfahren (siehe ab Seite 41).

Treibstoff für den Körper

Aber erst mal von den Pflanzen wieder zurück zu uns Menschen. Für uns sind Kohlenhydrate nämlich genauso lebenswichtig. Zwar liefern sie nicht die Bausubstanz für unsere Zellen, dazu dienen Amino- und Fettsäuren. Dafür aber sind sie seit jeher unsere wichtigsten Energielieferanten.

Die ungekrönte Königin ist dabei wieder die Glukose: Insgesamt verbrennt unser Körper von ihr etwa 200 Gramm am Tag, im Ruhezustand wohlgemerkt. Wenn wir uns körperlich anstrengen, kann es durchaus noch mehr sein. Übrigens gilt das nicht nur für körperliche Arbeit. Der größte »Glukosefresser« ist unser Gehirn, das rund 75 Prozent des Zuckers »verschlingt«.

Genau genommen ist Glukose aber gar nicht selbst der Antriebsstoff für unseren Organismus, vielmehr ist sie der Grundstoff für die Bildung von Adenosintriphosphat, kurz ATP, das im Inneren der Zellen, den Mitochondrien, entsteht. ATP ist der Energieträger im Organismus und sichert alle lebenswichtigen Zellfunktionen – vom Stoffwechsel über die Signalübertragung und die Zellteilung bis zur Muskelkontraktion. Weil aus einem Glukosemolekül für unseren Körper auf einfachste Weise, ohne ihn extrem zu fordern, 38 ATP-Moleküle entstehen, ist der Zucker als Energielieferant sehr ertragreich.

Zucker in Pflanzen

Du möchtest gerne genauer wissen, welche Rolle Zucker im Leben einer Pflanze spielt? Bitte schön!

Bei der Fotosynthese bilden Pflanzen aus Kohlendioxid, Sonnenlicht und Wasser Energie in Form verschiedener Zucker, allen voran Glukose, die sie brauchen, um zu wachsen und zu gedeihen. An einem sonnigen Tag entsteht in den Blättern allerdings so viel Glukose, dass sie gar nicht komplett verwertet werden kann.

Glukose + Fruktose = Saccharose

Weil zu viel reine Glukosemoleküle die für die Fotosynthese zuständigen Zellen (Chloroplasten) zum Platzen bringen würden – verantwortlich dafür ist ein physikalisches Phänomen namens Osmose, das eine Lösung durch eine Membran immer in Richtung der höheren Teilchenkonzentration fließen lässt –, haben Pflanzen ein kluges System entwickelt: Sie verbinden die Glukose einfach mit einem anderen Zucker, der bei der Fotosynthese entsteht, der Fruktose. Aus den beiden Einfachzuckern entsteht so ein Zweifachzucker, die Saccharose. Der Clou: Obwohl aus den beiden Einfachzuckern (Monosacchariden) ein Zweifachzucker (Disaccharid) wird, halbiert sich der osmotische Wert, sodass der Zucker für die Zellen ungefährlich ist und auch in größeren Mengen gespeichert werden kann.

Gespeicherte Energie

Parallel dazu werden ungenutzte freie Glukosemoleküle zu langen Ketten aneinandergereiht – aus vielen Einzelzuckern entsteht so der Vielfachzucker (Polysaccharid) Stärke. Weil sie nicht wasserlöslich ist, besteht keine Gefahr für die Zellen und sie kann erst einmal problemlos in Form kleiner Körner als Energiedepot in den Blättern zwischengelagert werden – für nachts, wenn die Fotosynthese aus Lichtmangel zeitweise zum Erliegen kommt und dementsprechend keine neue Glukose gebildet werden kann. Stattdessen wird dann der Zucker aus dem Depot angezapft. Der restliche Vorrat wird an »sichere« Orte verfrachtet. Über spezielle Nährstoffleitbahnen wird er in solche Teile der Pflanze geschleust, wo er vor gefräßigen Tieren (und Menschen) und anderen Widrigkeiten wie Kälte oder Dürre bestmöglich geschützt ist. Besonders viel Stärke (Speicherstärke) findet sich daher in den Knollen einer Pflanze, teilweise auch in den Wurzeln.
Auch Früchte speichern übrigens Energie, allerdings nicht in Form von Stärke, sondern als Saccharose. Zusammen mit dem hohen Fruktoseanteil schmecken sie besonders süß. Dadurch werden sie gerne von Tieren gefressen und so ihre Samen verbreitet.

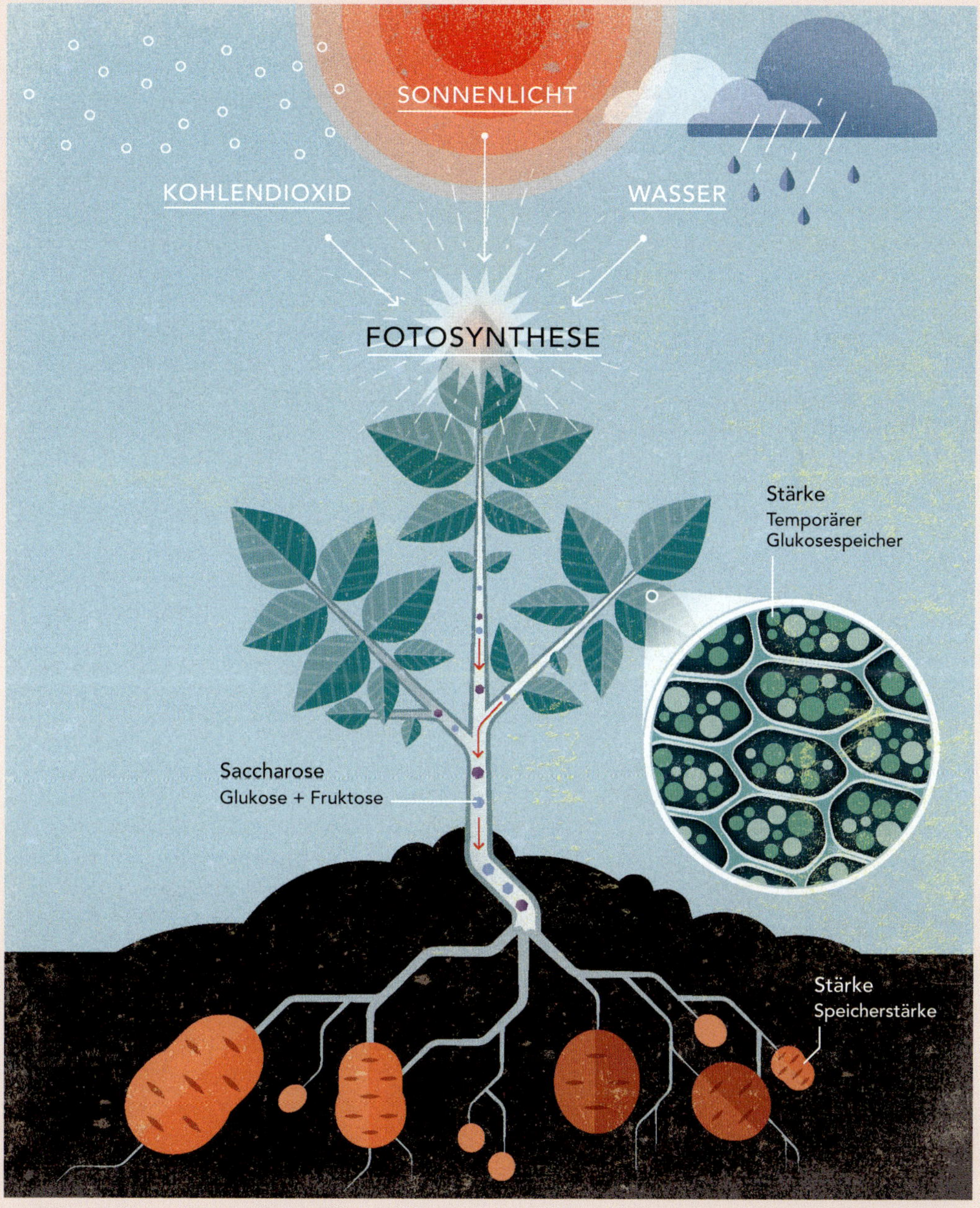
SONNENLICHT
KOHLENDIOXID
WASSER
FOTOSYNTHESE
Stärke
Temporärer
Glukosespeicher
Saccharose
Glukose + Fruktose
Stärke
Speicherstärke

Wie kommt der Zucker überhaupt ins Blut?

Im Gegensatz zu Pflanzen sind wir energietechnisch leider keine »Selbstversorger«. Stattdessen nutzen wir die Kohlenhydrate aus Pflanzen – indem wir sie essen. Allerdings kann unser Körper das, was wir essen, nicht einfach so verwerten. Er muss es erst einmal verdauen und dabei in seine einzelnen Bestandteile zerlegen. Im Mund, Magen und Darm werden mithilfe verschiedener Enzyme und Verdauungssäfte Eiweiße in Aminosäuren, Fett in Fettsäuren und Kohlenhydrate in Einfachzucker aufgespalten. Erst dann sind sie klein genug, um über die Wand des Dünndarms in den Blutkreislauf aufgenommen zu werden.

Weil es in diesem Buch um den Blutzucker geht, interessieren uns an dieser Stelle nur die Kohlenhydrate. Ihre Verdauung beginnt bereits im Mund, wo ein im Speichel enthaltenes Enzym, die Alpha-Amylase namens Ptyalin, beginnt, den Vielfachzucker Stärke in kleinere Bestandteile, Mehrfachzucker (Oligosaccharide) und Zweifachzucker (Disaccharide) zu zerlegen – umso mehr, je besser wir kauen.
Nach dem Schlucken gelangen diese Bestandteile in den Magen, wo die erste Verdauungsphase zunächst gestoppt wird. Dort werden nämlich die Eiweiße und Fette aus der Nahrung zerlegt. Für die Zucker geht es erst in der nächsten Station, dem Dünndarm, weiter: Wieder werden mithilfe von Alpha-Amylase, die diesmal aus der Bauchspeicheldrüse (Pankreas) stammt, alle bisher nicht zerlegten Kohlenhydrate, abhängig von den verzehrten Lebensmitteln, in die Zweifachzucker Haushaltszucker (Saccharose), Milchzucker (Laktose) und Malzzucker (Maltose) zerlegt.
Auch diese Zweifachzucker sind aber immer noch zu groß, um durch die Darmwand zu kommen. Deshalb müssen weitere Enzyme sie in ihre Einzelzucker spalten: Saccharose (Haushaltszucker) wird in Glukose (Traubenzucker) und Fruktose (Fruchtzucker) zerlegt, Laktose (Milchzucker) in Glukose und Galaktose (Schleimzucker), Maltose (Malzzucker) in zwei Glukosemoleküle. Erst jetzt sind die Zucker klein genug, um mithilfe verschiedener Transportmechanismen in den Zellen der Darmschleimhaut endlich auf der anderen Seite des Darms in den Blutkreislauf zu gelangen.

Verdauung und Resorption der Kohlenhydrate

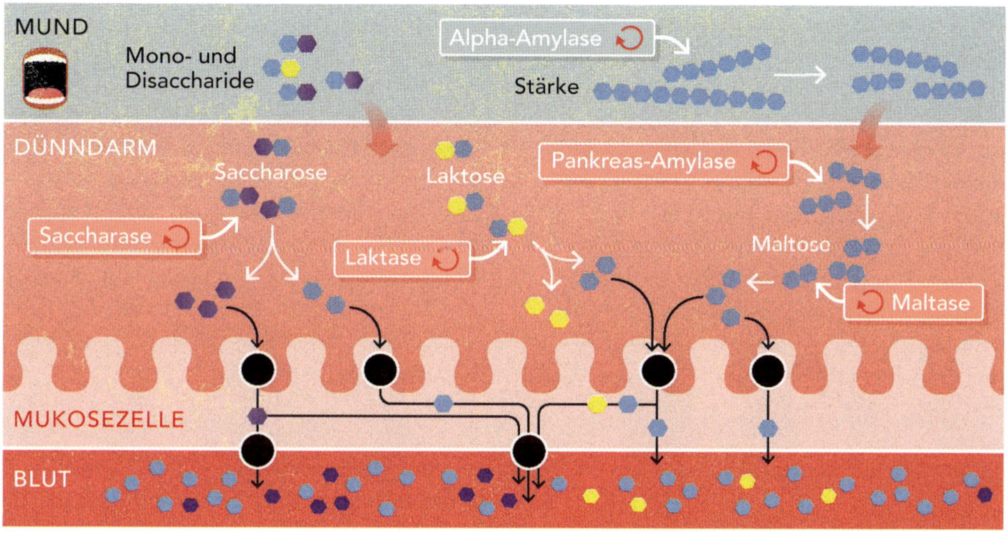

Fruktose · Glukose · Galaktose · verschiedene Transportproteine · enzymatischer Abbau

Ohne Insulin läuft gar nichts

Um aus Glukose ATP zu gewinnen, muss diese aus der Nahrung allerdings nicht nur ins Blut, sondern von dort ins Zellinnere gelangen. Das ist gar nicht so einfach, denn jede Zelle wird von einer dünnen Haut (Membran) umgeben. Diese Hülle hat verschiedene Aufgaben, unter anderem soll sie das Zellinnere vor möglichen schädlichen Einflüssen schützen. Gleichzeitig aber sollen über sie auch Nährstoffe ins Innere transportiert werden. Es braucht also eine Art Türsteher, der nur die willkommenen »Gäste« reinwinkt und potenziellen »Störenfrieden« den Eintritt verwehrt. Im Fall der Glukose ist dieser Türsteher Insulin.

Insulin ist ein Hormon, das in der Bauchspeicheldrüse gebildet wird. Hormone sind die Botenstoffe des Körpers – und die Aufgabe des Insulins ist es, zwischen Glukose und Zelle zu vermitteln, indem sie die Zellmembran für den Zucker öffnet. Es wird daher vor allem dann ausgeschüttet, wenn nach dem Essen der Zuckerpegel im Blut ein bestimmtes Limit übersteigt.

Wie die Glukose gelangt auch das Insulin über das Blut zu den Zielzellen, wo es an bestimmte Proteine, den Insulinrezeptoren, andockt. Wie ein Schlüssel im Schloss werden dadurch die Glukosetransporter in der Zellmembran geöffnet und der Zucker kann ins Innere gelangen.

Extrem spannend: Die Versorgung der Gehirnzellen mit Glukose ist zwar unabhängig von Insulin, denn der Zucker wird über ein spezielles Transporteiweiß (GLUT1) direkt über die Blut-Hirn-Schranke zu den Hirnzellen geschleust. Damit ist eine anhaltende, möglichst gleichmäßige Versorgung des Gehirns mit Glukose gewährleistet – unabhängig davon, wie viel Insulin der Körper produzieren kann.
Interessanterweise aktiviert Insulin trotzdem nicht nur Körperzellen, sondern auch Nervenzellen im Gehirn. Vor allem im Hypothalamus und im Belohnungszentrum finden sich entsprechende Rezeptoren. Zudem spielt das Hormon eine Rolle bei der Zellkommunikation, beim Lernen und bei der Bildung von Erinnerungen. Wenn der Insulinspiegel im Blut chronisch zu hoch ist, gelangt aber nicht mehr genug Insulin ins Gehirn. Denn durch das viele Insulin wird die Blut-Hirn-Schranke geschädigt, sodass es diese Barriere nicht mehr wie gewohnt überwinden kann. Trotz eines Insulinüberschusses im Körper kann es so im Gehirn zu einem Insulinmangel kommen. Die Folgen können immens sein. So vermuten Forscher beispielsweise, dass der Insulinmangel an der Entstehung von Alzheimer beteiligt ist, und bezeichnen die Krankheit gelegentlich sogar als Diabetes Typ 3.

Glukagon

Um die körpereigenen Energiereserven zu mobilisieren, braucht es abermals ein Hormon aus der Bauchspeicheldrüse: Glukagon. Es ist sozusagen der Gegenspieler des Insulins und wird immer dann ausgeschüttet, wenn der Blutzuckerspiegel unter ein bestimmtes Niveau sinkt. Über das Blut gelangt das Glukagon zur Leber, dockt dort an bestimmte Rezeptoren und gibt damit das Signal, das nötig ist, um das gespeicherte Glykogen wieder in Glukose zurückzuwandeln.

Wie geht es weiter?

Ein Teil der Glukose wird in den Mitochondrien, die du dir wie kleine Brennöfen vorstellen kannst, direkt abgebaut und in Energie umgewandelt. Den Rest, der nicht sofort verbraucht wird, speichert der Körper vorübergehend als Glykogen. Glykogen ist im Prinzip das, was die Stärke in Pflanzen ist: unsere spezifische Speicherform von Glukose. Energie für »schlechte« Zeiten, auf die der Körper bei Bedarf schnell zurückgreifen kann.
Die Vorratskammern für Glykogen befinden sich in der Leber, aber besonders in den Muskeln, die damit praktischerweise einen Teilbedarf für ihre eigene Arbeit speichern. Mit dem Glykogen aus der Leber werden dagegen bei Bedarf alle anderen Körperzellen und insbesondere das Gehirn versorgt. Dazu wird das Glykogen wieder in Glukose zurückgewandelt, das dann in den Blutkreislauf gelangt und damit als Energie zur Verfügung steht.

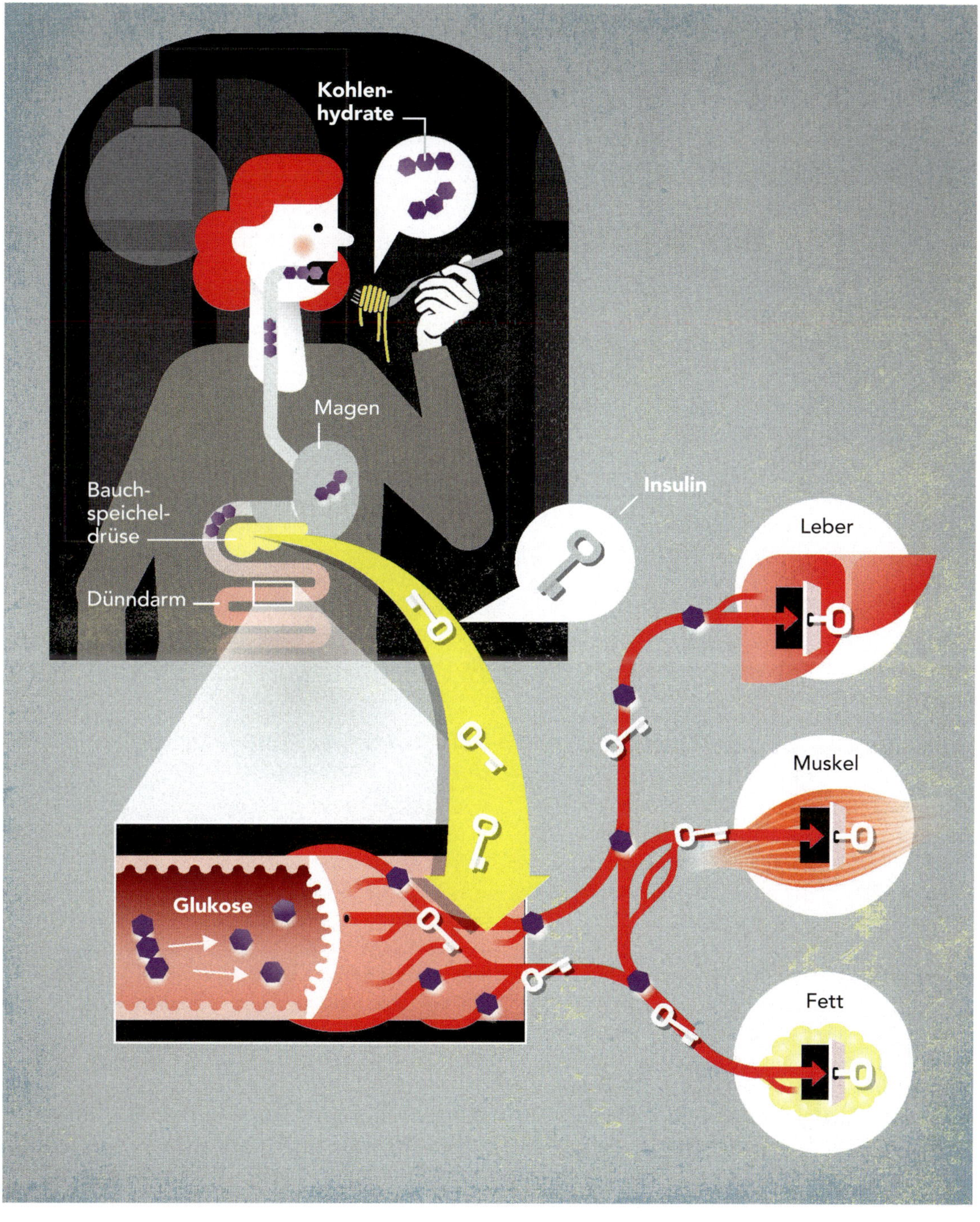
Kohlen-
hydrate
Magen
Bauch-
speichel-
drüse
Dünndarm
Insulin
Leber
Muskel
Fett
Glukose

Zuckerkonsum und seine Folgen

Auch wenn sich Zucker nicht gleich auf die Gesundheit niederschlägt, bringt er doch Mechanismen ins Rollen, die sich auf lange Sicht negativ auswirken können.

Über Jahrtausende hatte der menschliche Körper die Sache mit dem Blutzucker gut im Griff. Erst gab es Zucker nur in Form von Früchten und Beeren, dann war er als Luxusgut den Reichen vorbehalten. Heute dagegen steckt so vieles von dem, was wir essen, voller Zucker, dass die wenigsten eine Vorstellung davon haben, wie viel sie im Jahr überhaupt zu sich nehmen. Deshalb hier mal die erschreckende Datenlage: Der Verbrauch von Haushaltszucker liegt bei uns Deutschen bei etwa 34 Kilogramm pro Person und Jahr. Hinzu kommen fast sechs Kilo Zucker in Form von Isoglukose – ein »Superzucker«, der wie Sacharose auch aus Glukose und Fruktose besteht und unter dem Namen High Fructose Corn Syrup bekannt ist. Wir kommen also jeder auf einen Verzehr von insgesamt rund 40 Kilo jährlich. Damit du dir diese Menge etwas besser vorstellen kannst: Das sind 110 Gramm oder 37 Würfel Zucker pro Tag und 20 Prozent der empfohlenen durchschnittlichen täglichen Energiezufuhr. Rein rechnerisch ernährt sich jeder Deutsche zwei Monate im Jahr ausschließlich von isoliertem Zucker. Und teilweise liegt der Konsum sogar noch weit über diesen Werten, vor allem bei Kindern und Jugendlichen. Was bedeutet das nun für unseren Körper? Um dem Überangebot an Zucker Herr zu werden, schraubt die Bauchspeicheldrüse ihre Insulinproduktion entsprechend nach oben. Das Hormon ist gewissermaßen die Feuerwehr, die den Zuckerbrand löschen soll – und je stärker es brennt, umso mehr Feuerwehrleute (Insulin) rücken aus. Auf jede Glukosespitze folgt also ganz automatisch eine entsprechende Insulinspitze.

Schädliche Nebenprodukte des Zuckerstoffwechsels

Aber bleiben wir erst mal beim Zucker: Die Mitochondrien verbrennen fleißig, was davon zu ihnen in die Zellen gelangt. Dabei entstehen als Nebenprodukte freie Radikale. Das Besondere an diesen Molekülen: Sie besitzen nur ein Elektron und sind deshalb hochreaktiv. Ihr einziges Ziel: ihr »einsames« Elektron durch ein weiteres zu ergänzen, um so in eine stabilere Form zu kommen. Freie Radikale wollen deswegen permanent eine chemische Reaktion eingehen. Das Problem dabei ist: Dadurch, dass sie einem anderen

Vorsicht, Isoglukose!

Haushaltszucker (Saccharose) ist ein natürlicher Zweifachzucker, der aus Zuckerrüben oder Zuckerrohr gewonnen wird. Er besteht zu gleichen Teilen aus Glukose und Fruktose und seine Süßkraft ist deswegen immer gleich. Ganz im Gegensatz zu Isoglukose! Bei dieser industriellen Mischung aus Glukose und Fruktose, extrahiert aus Mais- oder Weizenstärke, kann der Hersteller das Verhältnis nach Belieben verändern. Und da Fruktose um das 2,5-Fache süßer ist als Glukose, lässt sich durch entsprechende Mischverhältnisse die Süßkraft um ein Mehrfaches erhöhen. Für die Lebensmittelindustrie lohnt sich das, zumal die Produktion von Isoglukose deutlich billiger ist. Für den Verbraucher dagegen bedeutet Isoglukose ein dickes Minus auf dem »Zuckerkonto«. Daher mein Rat: Steht auf der Zutatenliste eines Produktes »Glukose-Fruktose-Sirup« oder »Fruktose-Glukose-Sirup«, lässt du es lieber links liegen. Denn hinter den Bezeichnungen versteckt sich nichts anderes als Isoglukose.

Molekül ein Elektron entreißen, fallen weitere freie Radikale an, die wiederum auf der Suche nach ihrem fehlenden Elektron sind. Die Moleküle setzen also eine Kettenreaktion in Gang, die immer neue freie Radikale nach sich zieht. Um das zu vermeiden, sind normalerweise alle Zellen dazu in der Lage, diese hochreaktiven Sauerstoffmoleküle wieder abzubauen. Dabei helfen ihnen bestimmte antioxidative Enzyme (die Superoxiddismutase/SOD, die Glutathionperoxidase/GPX und die Katalase) sowie Vitamine, Mineral- und sekundäre Pflanzenstoffe, die die Radikale sozusagen neutralisieren, ohne dabei selbst zum Radikal zu werden.
Erinnerst du dich noch, wie der Zucker ins Blut kommt? Genau, über die Darmschleimhaut. Weil die Innenwände des Dünndarms in unzählige Falten gelegt sind, aus denen noch mehr Ausstülpungen (Zotten) ragen, an denen sich abermals viele winzige Zellfortsätze (Mikrovilli) befinden, ist die Fläche, über die der Zucker ins Blut gelangt, riesig. Würde man alle Falten, Zotten und Mikrovilli glatt streichen, käme man locker auf eine Fläche von 300 Quadratmetern, womöglich sogar noch mehr. Angesichts dieser »Aufnahmefläche« wird das Blut also bei entsprechend zuckerreicher Kost regelrecht mit Zucker geflutet. Besonders schnell gelingt dieser Transfer natürlich den Einfachzuckern, die gar nicht erst aufwendig von Enzymen zerlegt werden müssen. An zweiter Stelle folgen die Zweifachzucker, die nur in einem Schritt in ihre beiden Bestandteile aufgespalten werden müssen.
In kürzester Zeit erreichen dann große Mengen Zucker die Zellen – oft so viel, dass die Mitochondrien gar nicht mehr mit der »Verarbeitung« hinterherkommen. Es ist, als

Freie Radikale – Hintergrundwissen

Freie Radikale sind nicht per se schlecht. In kleinen Mengen können sie sogar recht nützlich sein, für die Immunabwehr beispielsweise. Leukozyten, die weißen Blutkörperchen – sie gehören zu den Makrophagen, den sogenannten »Fresszellen« – machen sich die Wirkung der freien Radikale zunutze, indem sie mit deren Hilfe Bakterien zersetzen. Auch beim programmierten Zelltod, der Apoptose, sind freie Radikale besonders von Vorteil. Nur so kann unser Körper das Wuchern unerwünschter Zellhaufen und damit Krebserkrankungen unterdrücken.
Problematisch wird es erst, wenn die freien Radikale überhandnehmen. Dann nämlich können die zerstörerischen Teilchen den sogenannten oxidativen Stress auslösen und extreme Schäden an Zellwänden, aber auch am Erbgut verursachen. Oxidativer Stress entfacht Entzündungen, lässt uns schneller altern und gilt als wichtiger Risikofaktor für Herz-Kreislauf-Erkrankungen, Krebs, Alzheimer und andere neurodegenerative Krankheiten, aber auch für Übergewicht und Diabetes.[1–3]

würdest du ohne Unterbrechung Holz in den Brennraum eines Ofens schieben, sodass das Feuer gar keinen Raum findet, sich zu entfalten. Und während es vor sich hin glimmt, häufst du schon wieder neues Brennholz vor der Ofentür an.
Im Körper ist der Zucker das Brennholz, der den mitochondrialen Stoffwechsel gehörig ins Schleudern bringt, sodass verstärkt freie Radikale entstehen. Das ist umso fataler, weil durch die Zuckermassen gleichzeitig Teile der Glukose an antioxidative Schutzenzyme gebunden werden (Glykosilierung), sodass diese weniger effektiv gegensteuern können. Eine gewisse Zeit kann unser Körper das abpuffern. Aber irgendwann lässt sich die ineffiziente Energiegewinnung und die Radikalenflut nicht mehr beherrschen und wir fühlen uns kraftlos und müde, obwohl wir riesige Mengen an Energie in uns reinschaufeln.
Nicht nur antioxidative Enzyme in den Zellen können mit Zucker »verkleistern«, sondern auch alle Eiweiße. Dieser Prozess mit Eiweiß wird als Maillard-Reaktion bezeichnet und lässt sich nicht vermeiden, weil er eine ganz natürliche chemische Reaktion ist.
Bei diesem Prozess entstehen sogenannte AGEs (Advanced Glycation Endproducts), die den Stoffwechsel erheblich beeinträchtigen können. Denn AGEs beschleunigen nicht nur den Alterungsprozess, es wird auch vermutet, dass sie bei der Entstehung vieler Krankheiten eine bisher deutlich unterschätzte, immens große Rolle spielen. Beispielsweise bei der Makuladegeneration, bei der Arteriosklerose, bei Nierenschäden und Durchblutungsstörungen. AGEs wirken

zudem zerstörerisch auf das Gehirn und auf dessen kognitive Fähigkeiten und fördern neurodegenerative Krankheiten wie Altersdemenzen und Parkinson. Vor allem aber bremsen AGEs die wertvollen Reparaturarbeiten der Sirtuine, die das Erbgut und die Lebensdauer der Zelle schützen, indem sie sozusagen als Korrektur- und Reparaturmoleküle unsere DNA ausbessern (mehr zu diesen »Jungbrunnenenzymen« erfährst du auf Seite 56).
Ein hoher Blutzuckerwert zieht nicht nur eine starke AGE-Bildung nach sich. Erschwerend kommt noch hinzu, dass auch oxidativer Stress und chronische Entzündungen, die

AGEs aus der Nahrung
Die größte Menge an AGEs führen wir unserem Körper übrigens durch die Nahrung zu, denn die Giftstoffe entstehen immer dann, wenn Fette, Eiweiße und Zucker stark erhitzt, gebraten, gegrillt, getrocknet und geräuchert werden. Den höchsten AGE-Gehalt haben Fleisch, Fisch, Käse und stark verarbeitete Nahrungsmittel. Pflanzennahrung weist den niedrigsten Gehalt auf. Genauso entstehen beim Dämpfen oder Schmoren im Vergleich zu Zubereitungsweisen wie Braten, Backen oder Grillen weniger AGEs.[4]

ja ebenfalls im Schlepptau mit einem hohen Blutzuckerwert daherkommen, auch wieder AGEs fördern. Weil diese ihrerseits wiederum zu oxidativem Stress und Entzündungsvorgängen im Körper führen, wird so eine gefährliche Spirale losgetreten.

Stille Entzündungen

Wenn Zellen beschädigt und körperliche Strukturen in Mitleidenschaft gezogen werden, versucht unser Körper häufig, die dadurch entstandenen »Baustellen« mithilfe von »stillen« Entzündungen zu reparieren: Seine Abwehrzellen setzen dann Entzündungsmediatoren und Botenstoffe wie zum Beispiel Histamin frei, das dafür sorgt, dass sich die Wände der Gefäße weiten, damit das Blut besser zur betroffenen Stelle strömen und die Abwehrzellen dorthin bringen kann. Außerdem werden T-Zellen aktiviert, die fremde Stoffe vernichten und die Immunantwort des Organismus kontrollieren können. Gleichzeitig sorgen weitere Entzündungsstoffe dafür, dass wieder neue Zellen entstehen. In dieser Erholungsphase beheben außerdem kleine Bindegewebszellen (Fibroblasten) die Defekte im Gewebe. Entzündungen sind also erst mal nichts anderes als Maßnahmen des Körpers, um seine ungestörte Funktionsweise zu sichern oder wiederherzustellen. Nach einer erfolgreichen Reparatur klingen sie daher automatisch wieder ab, weil keine weiteren Botenstoffe produziert werden.[5, 6]
Das Ausmaß einer Entzündung hängt davon ab, wie viele solcher entzündungsfördernden Substanzen ausgeschüttet werden. Diese

Entwicklung wird durch den Reiz bestimmt, der die Entzündung verursacht. Je größer der Reiz, also die »Verletzung« oder Störung, desto stärker die Entzündung. Und genau hier liegt der Knackpunkt: Ständige Glukosespitzen mit ihrer Zuckerschwemme strapazieren den Körper immens. Denn es bleiben permanent entzündungsfördernde Botenstoffe vorhanden, deretwegen der Organismus weiterhin die notwendigen Substanzen für eine Reparatur produziert. Auf Dauer kann es so zu chronischen Entzündungen kommen, weil die Reparatur durch weitere Verletzungen behindert wird: Es werden vermehrt Entzündungsmediatoren wie Zytokine, Sauerstoffradikale und andere Substanzen produziert, die auf den gesamten Körper wirken, die Entzündung noch verstärken und zu oxidativem Stress beitragen können, der die betroffenen Zellen beschädigt. Also noch so eine fatale Spirale.

Die Folgen des hohen Insulinspiegels

Dass Glukosespitzen auf Dauer die Gesundheit stark gefährden, hängt jedoch nicht allein am Zucker, sondern ganz entscheidend auch am Insulin, das Hand in Hand mit Zucker den Körper überflutet.
Nicht dass wir uns falsch verstehen: Insulin ist für die Blutzuckerregulation unentbehrlich, denn wie gesagt, der Zucker gelangt ohne seine Hilfe gar nicht an seine Zielorte (Ausnahme Gehirn). Das Problem ist wieder einmal die Menge, also das ständige Insulinhoch, das für den Körper und auch für unser Gehirn pures Gift ist (gleich mehr dazu).
Um die schnell anflutende Glukose aus der Nahrung möglichst rasch weiterzubringen, wird das Hormon nach dem Essen erst einmal stoßartig abgegeben. Danach beruhigt sich die Situation und das Insulin gelangt gleichmäßiger ins Blut, damit auch die restlichen Zucker »verwertet« werden können. Ist der Zucker reduziert, sinkt auch der Insulinpegel wieder. Ein Teil des Hormons wird von den Zellen, die es geöffnet hat, verstoffwechselt. Der Rest wird von Enzymen in der Leber und in den Nieren abgebaut und dann ausgeschieden. Das Problem ist: Das alles dauert seine Zeit und so schwimmt, auch wenn der Blutzuckerspiegel sich längst schon wieder im Normalbereich eingependelt hat, noch jede Menge Insulin im Blut. Und wenn dann noch vor dem vollständigen Abbau gleich wieder die nächste Glukosespitze heranschießt, kommt zusätzlich neues Insulin dazu. Das hat Folgen …

Insulin macht erst dick …

Ist die Nahrung sehr zuckerreich und jagt eine Blutzuckerspitze die nächste, kann trotz der cleveren Vorratshaltung nicht alle Glukose, die nicht direkt abgebaut wird, aus dem Blut »gefischt« und in Glykogen umgewandelt werden. Für solche Fälle hat der Körper noch ein extra »Zuckerauffangbecken«: seine Fettzellen. Damit ist eine schier endlose Vorratslagerung möglich, denn die Anzahl der Fettzellen bleibt wahrscheinlich von Kindesbeinen an konstant. Allerdings können sie sich um das 200-Fache ihrer ursprünglichen Größe ausdehnen. Und so lassen, auch wenn bei der Umwandlung gleich eine gehörige Portion Energie verbraucht wird, große

Mengen Zucker die Fettdepots wachsen. Letztendlich ist aber wieder vor allem das Insulin verantwortlich dafür, dass wir durch Zucker immer dicker werden. Denn solange es im Blut herumschwirrt, ist der Fettstoffwechsel komplett lahmgelegt. Und das heißt: Der Körper verbrennt kein einziges Fettmolekül. Stattdessen werden die Fettsäuren aus der Nahrung vom Insulin ebenfalls direkt in die Fettzellen geleitet. Die Fettzellen füllen sich, Übergewicht entsteht …

Ungünstigerweise sammelt sich das Fett auch noch bevorzugt am Bauch – und dieses sogenannte viszerale Fett macht uns immer »unersättlicher«. Es bewirkt nämlich, dass unser Gehirn das »Ich-bin-satt-Hormon« Leptin nicht mehr erkennt. Leptin reguliert normalerweise unseren Energiehaushalt und damit unser Körpergewicht. Es wird im Fettgewebe produziert und je mehr die Fettspeicher gefüllt sind, umso mehr von ihm wird ins Blut ausgeschüttet. Das Gehirn registriert das und weiß dadurch, dass die Energiespeicher voll sind. Es »funkt« dann ein wohliges Sättigungsgefühl, gute Stimmung und Lust auf Bewegung. Im Hungerzustand dagegen fehlt das Leptin im Blut. Dementsprechend ist das Gehirn in Alarm und leitet das Hungergefühl ein.

Vor einigen Jahren entdeckten Forscher, dass ein stark erhöhter Insulinspiegel das Leptin im Blut für das Gehirn gewissermaßen »unsichtbar« macht. Der Körper glaubt also fälschlicherweise, er befände sich im Hungerzustand – und fordert immer mehr Nachschub, am liebsten in Form von Zucker und Fett – und damit geht das Ganze von vorne los.

PCOS

Zu viel Insulin kann bei Frauen auch die Bildung männlicher Hormone fördern, was sich neben Akne, »Damenbart« und unregelmäßigem Zyklus auch in der Entstehung des Polyzystischen Ovarialsyndroms (PCOS) äußern kann – die häufigste Hormonstörung bei Frauen im gebärfähigen Alter und vielmals Ursache für einen unerfüllten Kinderwunsch.

Untersuchungen zeigen, dass gerade PCOS sehr oft mit Übergewicht einhergeht, zwei Drittel der betroffenen Frauen weisen eine Insulinresistenz auf (siehe HOMA-Index-Bestimmung Seite 32). Den Blutzucker- und damit den Insulinhaushalt wieder in die Balance zu bringen, hilft Gewicht zu verlieren und kann damit bei den betroffenen Frauen auch die Chance erhöhen, endlich schwanger zu werden. Bei der Diagnose POCS solltest du daher unbedingt deinen Blutzucker- und HbAc1-Wert bestimmen lassen und bei Bedarf selbst aktiv werden. Die Empfehlungen im nächsten Kapitel helfen dir dabei.

Das ist übrigens auch der Grund, warum viele Übergewichtige trotz gut gefüllter Fettspeicher und hohem Leptinspiegel so ein unstillbares Essverlangen haben und sich nie richtig satt fühlen, egal wie viel sie essen. Wie auch, wenn ihr Körper ihnen, unter anderem ausgelöst durch ständige Glukosespitzen, permanent vorgaukelt, er bräuchte mehr Nahrung?

... und dann macht Insulin uns krank

Um dem ständigen Nachschub an Zucker Herr zu werden, schüttet die Bauchspeicheldrüse immer größere Mengen Insulin aus, um den Zucker an seine Bestimmungsorte zu transportieren. Erinnerst du dich an die überlasteten Mitochondrien? Um sie zu schützen, wehren sich die bereits bis zum Rand gefüllten Zellen gegen das Bombardement, indem sie die Schotten dicht machen. Sie reagieren einfach nicht mehr, egal wie oft das Insulin auch das »Schlüsselloch« sucht. Wir Mediziner sagen dazu: Es entwickelt sich eine Insulinresistenz.

Dieser Prozess wird noch gefördert, wenn man neben viel Zucker auch gerne fettreich isst. Denn dann befindet sich immer reichlich Fett im Blut und das wandert nicht nur in die dafür vorgesehenen Depots, sondern lagert sich auch in den Muskeln ein. Ist ein bestimmtes Maß überschritten, hat auch das Einfluss auf die Wirkung des Insulins. Denn das eingelagerte Fett »verstopft« dann quasi die Rezeptoren, an die das Hormon normalerweise andockt.

Und was macht die Bauchspeicheldrüse? Sie produziert daraufhin nur noch mehr Insulin, um den Blutzuckerwert irgendwie doch noch herunterzudrücken – und das macht sie so lange, bis sie irgendwann zu erschöpft ist und immer weniger Insulin produziert, sodass der Abtransport des Zuckers und die

HOMA-Index

Mittels des »HOMA-Index« (Homeostasis Model Assessment) lässt sich neben dem Blutzuckerwert auch eine mögliche Insulinresistenz ermitteln, die als Phänomen beim Typ-2-Diabetes und seinen Vorstadien auftritt. Dazu wird nach einer etwa zwölfstündigen Nahrungskarenz der Nüchterninsulin- und die Nüchternglukose-Konzentration im Blut berechnet.[7]

Stadium	Homa-Index	Beschreibung
1	< 2,0	Insulinresistenz eher unwahrscheinlich
2	2,0–2,5	Hinweis auf eine mögliche Insulinresistenz
3	2,5–5,0	Insulinresistenz wahrscheinlich
4	> 5,0	Durchschnittswert bei Typ-2-Diabetikern

Energieversorgung der Zellen endgültig zusammenbricht. Jetzt ist der Diabetes da – und mit ihm die Gefahr für zahlreiche daraus entstehende Erkrankungen von Bluthochdruck, Durchblutungsstörungen und Nervenschädigungen über die Abnahme der Sehfähigkeit und Niereninsuffizienz bis hin zu Herzinfarkt, Schlaganfall und einigen Krebsarten.

Fruktose als gesunde Alternative? Sicher nicht

Glukose kommt sehr oft mit einem anderen Zucker im Schlepptau daher: der Fruktose. Das liegt daran, dass die beiden zusammen den Zweifachzucker Saccharose bilden, also unseren ganz normalen Haushaltszucker, der heute in unzähligen Produkten steckt – vom Rosinenbrötchen zum Frühstück über Kekse und Kuchen zum Kaffee bis hin zur abendlichen Fertigpizza –, ist nichts anderes als Saccharose. Wenn wir also Haushaltszucker essen, wird sie im Darm in ihre beiden Einfachzucker Glukose und Fruktose aufgespalten. Und diese »Minimoleküle« werden dann, wie du schon weißt, über die Darmwand ins Blut transportiert.

Ab hier trennen sich ihre Wege: Während Glukose den Blutzuckerwert nach oben schnellen lässt und damit eine Insulinkaskade auslöst, auf der sie sich sozusagen in die Zellen tragen lässt, hat die Fruktose keinerlei Auswirkung auf den Blutzuckerspiegel. Und dementsprechend erfolgt auch keine Insulinausschüttung. Stattdessen strömt sie direkt zur Leber, wo sie »einfach so« zu Glykogen umgebaut wird und dann als Speicherzucker zur Verfügung steht. An sich eine tolle Sache! Das Problem ist nur auch hier wieder: Die Speicherkapazität von Glykogen ist begrenzt – und dabei spielt es keine Rolle, ob das Glykogen aus Glukose oder Fruktose hergestellt wurde. Voll ist voll! Also muss eine andere Lagermöglichkeit her. Und auch hier kommen sich die beiden Zucker nicht in die Quere. Während der Glukoseüberschuss bevorzugt in die Muskelzellen und die Fettzellen am Bauch wandert, wird ein Zuviel an Fruktose in Form von Neutralfetten (Triglyzeriden) vor Ort in der Leber gespeichert. Je nachdem, wie viel sich ansammelt, entwickelt sich so früher oder später eine Fettleber, die sogenannte nichtalkoholische Fettlebererkrankung (NAFDLD).

Jeder dritte Erwachsene leidet heutzutage bereits unter diesem Krankheitsbild, und das sind nur die offiziellen Zahlen – die meisten sind aber erkrankt, ohne es zu wissen. Denn eine Leberverfettung kann man naturgemäß weder sehen, noch bereitet sie Schmerzen. Allenfalls klagen die Betroffenen über Antriebsschwäche und mangelnde

Energie, was davon kommt, dass die Leber, immerhin unser wichtigstes Entgiftungsorgan, ihren Aufgaben nicht mehr ausreichend gerecht werden kann. Schließlich wurde die Hälfte ihrer Zellen von Fettzellen verdrängt und ersetzt. Aber du wirst staunen: Auch hier kann die Ernährung schier Unglaubliches vollbringen. Denn die Leberzellen sind in der Lage, sich, unabhängig von unserem Alter, immer wieder komplett zu erneuern, wenn wir sie entlasten statt belasten. Obwohl Fruktose insulinunabhängig verstoffwechselt wird, kann sie außerdem eine Insulinresistenz begünstigen. Wie das? Verfettete Leberzellen produzieren ein Hormon namens Fetuin-A und geben es ins Blut ab. Das Hormon bindet an die Insulinrezeptoren der Muskel- und Fettzellen und verhindert so, dass das Insulin an ihnen andocken kann. Dadurch wiederum bleibt der Transportweg für die Glukose in die Zellen geschlossen. Was jetzt passiert, weißt du schon: Die Bauchspeicheldrüse schickt mehr und mehr Insulin nach – bis zur Erschöpfung. Was noch erschwerend

Gefahr durch Unterzuckerung?

Vielleicht fragst du dich gerade, ob denn eine Unterzuckerung oder Hypoglykämie, wie es in der Medizin genannt wird, nicht genauso gefährlich wäre. Doch darüber musst du dir im Grunde gar keine Gedanken machen. Denn genau dazu haben wir ja unsere Glykogenvorräte. Um diese Reserven anzuzapfen – sie reichen in der Regel für bis zu zwei Tage –, ist übrigens ein weiteres Hormon der Bauchspeicheldrüse erforderlich: Glukagon. Es wird ausgeschüttet, wenn Energiebedarf besteht, aber kein Nachschub über Nahrung in Sicht ist, zum Beispiel nachts. Mit seiner Hilfe wird das Glykogen in der Leber zu Glukosekmolekülen zurückgebaut, die dann wieder ganz normal verwertet werden können. Während also Insulin den Blutzuckerwert nach unten drückt, schraubt ihn Glukagon nach oben. Doch keine Sorge: Zu gefährlichen Glukosespitzen kommt es dadurch nicht.

Und selbst wenn die Glukosezufuhr für längere Zeit ausbleiben sollte, hat die Natur vorgesorgt. Unser Körper kann dann auf spezielle Notfall-Energielieferanten im Fettgewebe zurückgreifen: die Ketone oder Ketonkörper – Fettsäuremoleküle, die seit jeher die Energieversorgung von Herz, Hirn sowie allen weiteren lebensnotwendigen Organsystemen in Hungerzeiten, also nur in Notfallsituationen, sicherstellen.

Etwas anderes ist es, wenn du Insulin spritzt oder Diabetesmedikamente schluckst. Hier kann es durch eine Überdosierung tatsächlich zu einer (lebens)gefährlichen Unterzuckerung kommen. Auch bestimmte Tumoren in der Bauchspeicheldrüse, die unkontrolliert Insulin bilden, können eine Hypoglykämie bedingen.

dazukommt: Fetuin-A bindet auch gesättigte Fettsäuren an sich, was Entzündungen fördert und damit das Risiko für eine Insulinresistenz noch mal verstärkt.
Und weil die Insulinresistenz wiederum die Aufnahme von Triglyzeriden in die Leberzellen begünstigt, beginnt abermals ein Teufelskreis, der dem Diabetes ein weiteres Mal Tür und Tor öffnet.
Fruktose ist also keineswegs so harmlos, wie sie lange Zeit hingestellt wurde. Im Übermaß kann sie uns genauso krank machen wie Glukose. Und was die konsumierten Mengen angeht, steht sie dieser ebenfalls ins nichts nach, im Gegenteil. Denn in industriell hergestellter Nahrung und Fertiggerichten kommt meist sie zum Zug, da sie nicht nur deutlich kostengünstiger ist, sondern auch noch eine größere Süßkraft hat. Und weil sie unter anderem auch den Geschmack und die Bräune von Backwaren verstärkt und die unschöne Eiskristallisation bei Tiefkühlprodukten verhindert, kommt sie dementsprechend oft in der Lebensmittelindustrie zum Einsatz. Wer sich vor allem von Fertiggerichten und Fast Food ernährt, kann ihr also kaum noch entkommen.

Zucker ist Energie pur, zu viel davon allerdings auch Gift pur

Wie du jetzt weißt, ist Zucker pure Energie. Und wie immer kann zu viel Energie auch gehörigen Schaden anrichten. In diesem Fall ist der Leidtragende unser Körper – und damit wir und unsere Gesundheit.
Klar, die genannten gesundheitlichen Folgen zeigen sich nicht von heute auf morgen, sondern entwickeln sich schleichend über Jahre, manchmal auch Jahrzehnte hinweg. Aber Fakt ist eben auch, dass ständige Glukosespitzen und das damit einhergehende Blutzucker- und Insulin-Jo-Jo uns erst immer dicker und hungriger und irgendwann dann richtig krank machen.
Der Blutzucker ist also nicht nur für Diabetiker ein Thema, sondern sollte es für jeden von uns sein – ganz egal auch wie alt wir sind. Denn er ist ein ziemlich guter Indikator dafür, ob in unserem Körper alles rundläuft oder nicht. Und wenn wir ihn in Schach halten, hat das nicht nur direkte Auswirkungen auf unser direktes Befinden, sondern auch langfristige Folgen für unsere Gesundheit. Eine einzelne Blutzuckerspitze ist dabei sicher nicht besorgniserregend und vermutlich ist das auch bei ein paar mehr so. Genauso wenig wirst du gleich einen Diabetes entwickeln, nur weil du mal ein Stück Sahnetorte isst. Aber mit jeder Glukosespitze, die darauf folgt, gehst du einer Zuckerkrankheit doch einen kleinen Schritt mehr entgegen.
Die gute Nachricht: Wir können den Blutzuckerwert mit dem, was wir essen und wie und wie viel wir uns bewegen, ganz leicht steuern und haben es damit selbst in der Hand, wie wir uns fühlen und ob wir möglichst lange gesund bleiben. Deshalb geht es im nächsten Kapitel nur noch darum, wie du mithilfe deines Ess- und Bewegungsverhaltens deinen Blutzuckerspiegel optimierst und gefährliche Glukosespitzen umschiffst. Und eins kann ich dir jetzt schon versprechen: Auf Genuss musst du dafür nicht verzichten. Im Gegenteil! Und obendrauf gibt es sogar noch eine Extraportion Energie!

So kriegst du den Blutzucker
spielend in den Griff

Dem Zucker einfach »Lebewohl« zu sagen, klingt leichter, als es ist. Er steckt mittlerweile nämlich nicht nur in Kuchen, Schokolade und Co., sondern in fast allen verarbeiteten Lebensmitteln. Selbst kochen ist deswegen schon mal der erste Schritt hin zu einem blutzuckergesünderen Leben. Wenn du dann noch meine acht Empfehlungen für einen harmonischen Blutzuckerspiegel beachtest, stellst du die Weichen für ein langes Leben in Gesundheit.

Nahrung als Medizin

Schon Hippokrates wusste um die Heilkraft der Ernährung. Und wie die moderne Wissenschaft bestätigt, hat sie auch immensen Einfluss auf den Blutzuckerspiegel.

Ob der Blutzuckerspiegel meistens schön konstant ist oder wie ein Jo-Jo ständig nach oben und unten schnellt, lässt sich maßgeblich über die Ernährung steuern. Wer weiß, worauf es ankommt, kann Glukosespitzen in der täglichen Ernährung umschiffen und stattdessen energiegeladen auf einem gleichmäßigen Glukosespiegel sanft dahinsegeln.

Kohlenhydrate? Unbedingt!

Gut möglich, dass du nach der Lektüre des ersten Kapitels denkst, eine möglichst kohlenhydratfreie Ernährung sei besonders gesund, weil sie weniger Auswirkungen auf den Blutzuckerspiegel hätte. Aber das stimmt leider nicht. Damit vor allem unser Gehirn leistungsfähig ist und bestmöglich funktioniert, benötigt dein Körper immer eine bestimmte Menge an Energie – und damit eben auch eine bestimmte Menge an Glukose, aus der diese Energie gewonnen wird. Neigt sie sich dem Ende zu, fühlt sich der gesamte Organismus bedroht und er legt dementsprechend alles daran, seine Reserven zu mobilisieren, indem er das Glykogen in der Leber und den Muskeln in Glukose zurückverwandelt (siehe Seite 24). Weil aber selbst gut gefüllte Glykogenspeicher, je nachdem, wie aktiv wir sind, nur für maximal zwei Tage ausreichen, hat die Natur den Körper zusätzlich mit einer Art Notstromaggregat ausgestattet, sodass er auf verschiedene Arten Energie gewinnen kann. Dazu schaltet er bei Bedarf von Glukose- auf Fettverbrennung um. Dann bildet die Leber aus Fettsäuren sogenannte Ketonkörper, die über den Blutkreislauf bis ins Gehirn gelangen und es mit Energie versorgen.
Nicht dass wir uns falsch verstehen: Es dauert keine zwei Tage, bis die Fettverbrennung anläuft. Dein Körper wechselt auch schon vorher zwischendurch immer wieder auf diesen Modus, wenn die Voraussetzungen dafür stimmen, so wie beim Sport oder ganz besonders beim Intervallfasten, wenn in der nächtlichen Fastenphase das Wachstumshormon ausgeschüttet wird (zu dieser Megataktik gegen zu hohe Blutzuckerwerte komme ich gleich ausführlicher).
Die Umstellung von Glukose- auf den Fettstoffwechsel nennt man Ketose, während dieser Stoffwechselphase hat der Körper einen stabileren Blutzuckerspiegel und damit viele gesundheitliche Vorteile. Sie zeigt auch, wie gut sich der menschliche Körper an bestimmte Nahrungsangebote anpassen kann. Doch so ausgetüftelt diese Veränderungen des Stoffwechsels auch sind: Sie sind nur kurzfristig in Notsituationen zum Überleben und zur Fortpflanzung gedacht. Auf dauer-

haften Kohlenhydratverzicht ist unser Körper jedoch nicht eingestellt. Wissenschaftler und Ernährungsmediziner forschen sogar schon seit geraumer Zeit, ob er nicht sogar gesundheitliche Nachteile mit sich bringt. Erste Anzeichen dafür gibt es bereits.
Was auf jeden Fall jetzt schon feststeht: Der Verzicht auf Kohlenhydrate, Getreide, Gemüse und teilweise auch auf Obst geht mit dem Verlust wertvoller Mikronährstoffe und sekundärer Pflanzenstoffe einher. Sie schützen die Zellen normalerweise vor schädlichen Umwelteinflüssen und auch vor den freien Radikalen, die bei ständigen Blutzuckerspitzen freigesetzt werden. Die Mikronährstoffe und sekundären Pflanzenstoffe neutralisieren entstehende Stoffwechselendprodukte und reparieren Zellen. Fehlen sie, kann der Körper aufgrund der anfallenden Säuren, die sich vor allem im Bindegewebe ablagern, mit der Zeit übersäuern. Langfristig entstehen auch so wieder Entzündungen – obwohl man doch gehofft hatte, genau die durch den Kohlenhydratverzicht zu vermeiden.
Dass man zudem ständig unter Stress steht, weil an der sogenannten Glukoneogenese, also der Glukosebildung aus Nicht-Kohlenhydraten, unter anderem das Stresshormon Cortisol beteiligt ist, macht die Sache noch problematischer. Genauso wenig wie die Tatsache, dass Cortisol die Insulinwirkung abschwächt, sodass der freigesetzte Zucker deutlich schwerer in die Zellen kommt und stattdessen in die Fettdepots wandert.
Mit der Empfehlung, bei Blutzuckerproblemen den Kohlenhydratanteil in der Nahrung auf 30 Prozent abzusenken, bin ich deswegen nicht einverstanden. Für sechs bis acht Wochen mag das ein geeigneter Einstieg sein, um Gewicht zu reduzieren, aber als Dauerzustand ist diese Ernährung nicht zu empfehlen. Ketone sind eben Notfall-Energielieferanten, keine Dauerlösung!

Ketose – ganz genau

Sehr vereinfacht ausgedrückt, ist Ketose die Umstellung vom Glukose- auf den Fettstoffwechsel. Exakterweise bezeichnet der Begriff einen Stoffwechselzustand, bei dem die Konzentration von Aceton im Blut und Zellzwischenraum über die Normwerte steigt. Dabei können die Ketonkörper die Glukose als primäre Energiequelle des Organismus ablösen.

Guter Zucker, schlechter Zucker

Dass Zucker in Form von Haushaltszucker ungesund und sein übermäßiger Konsum für viele Krankheiten mitverantwortlich ist, steht außer Frage. Dasselbe gilt allerdings auch für die Tatsache, dass komplexe Kohlenhydrate die wichtigste und gesündeste Energiequelle für unseren Körper darstellen. Unsere Gehirn- und Nervenzellen und genauso die roten Blutkörperchen sind auf Glukose angewiesen. Wie hochwertig ein Zucker ist, hängt also von der Anzahl seiner Zuckerbausteine ab: Einfachzucker wie Glukose und Fruktose oder Zweifachzucker wie Haushalts-, Malz- und Milchzucker sind in erster Linie Kalorienträger

und mit Ausnahme von Fruktose für den schnellen Anstieg des Blutzuckerspiegels verantwortlich. Auch bei verarbeiteten Produkten wie Cornflakes, Nudeln, Weißbrot oder anderen Getreideprodukten aus Auszugsmehlen steigt der Blutzuckerspiegel rasant an (oft ist in diesen Lebensmitteln zudem jede Menge Haushaltszucker versteckt).
Solche Blutzuckerspitzen ziehen eine hohe Insulinausschüttung nach sich. Das belastet die Bauchspeicheldrüse, in der das Hormon gebildet wird, und kann auf Dauer zu einer Insulinresistenz (Prädiabetes) und damit letztlich zu Diabetes Typ 2 führen. Gleichzeitig verhindert der ständige hohe Insulinwert, dass sich Fettsäuren aus dem Fettgewebe abspalten. Das blockiert die Fettverbrennung und unterstützt die Fetteinlagerung. Wir werden erst übergewichtig und dann zunehmend krank.
Das alles wird noch beschleunigt, weil wir durch die hohe Insulinausschüttung nach jeder Glukosespitze direkt wieder in ein Glukoseloch fallen. Denn je vehementer das Hormon den Zucker in die Zellen »schaufelt«, desto schneller nimmt die Glukosekonzentration im Blut ab. Entsprechend sackt der Blutzuckerspiegel im Sturzflug nach unten. Die Sensoren melden »Zuckernotstand«, prompt sinkt die Aufmerksamkeitsspanne, Konzentrationsschwäche und Müdigkeit machen sich bemerkbar. Das Gehirn gerät in Panik und schreit nach Nachschub. Heißhunger lässt uns gierig nach Glukosenachschub suchen – und schon geht alles wieder von vorne los …
Zucker einfach durch künstlichen Süßstoff zu ersetzen, ist übrigens keine Lösung. Egal ob Aspartam, Cyclamat, Saccharin, Sucralose: Sie alle stehen im dringenden Verdacht, eine Insulinresistenz auszulösen – genauso wie zu viel Zucker. Und man weiß, dass sie das Gleichgewicht einer gesunden Darmflora gehörig ins Straucheln bringen und damit den Weg für viele Krankheiten ebnen.

● Achtung Glukosespitze

Ein- und Zweifachzucker stecken in Süßigkeiten, Softdrinks, Eis, Gummibärchen und Schokolade, genauso aber auch in vielen industriell verarbeiteten Nahrungsmitteln wie Getränken, Backwaren, Milchprodukten, Knuspermüsli oder Brotaufstrichen und sogar in vielen herzhaften Sachen wie Fertigpizza, Wurst oder Essiggurken.

● Greif zu!

Mehrfachzucker stecken in Getreide, Vollkornprodukten, Kartoffeln, Hülsenfrüchten und Gemüse.

Wertvolle Stärke

Mehrfachzucker bestehen aus langen Ketten von Zuckermolekülen, weshalb sie auch komplexe Kohlenhydrate heißen. Um diese Ketten zu »knacken«, muss ein Molekül nach dem anderen (gelöst) abgetrennt werden, wodurch der Blutzuckerspiegel langsamer und gleichmäßig ansteigt. Die Bauchspeicheldrüse kann so in gemächlichem Tempo das Hormon Insulin produzieren.

Der wichtigste Mehrfachzucker ist die Stärke. Sie ist in Getreide, Pseudogetreide, Vollkornprodukten, Kartoffeln, Süßkartoffeln und Hülsenfrüchten enthalten. Diese Lebensmittel darfst du ohne schlechtes Gewissen und ohne Angst vor Glukosespitzen essen. Du solltest das sogar tun: Denn ihre vollwertigen Kohlenhydrate sind unverzichtbar für ein langes und gesundes Leben. Sie sind unsere wichtigsten Energielieferanten und sollten daher 50–60 Prozent der täglichen Energieaufnahme ausmachen. Allerdings eben nicht in Form von (gesüßten) Weißmehlprodukten, sondern als Vollkornprodukte, Hülsenfrüchte, Nüsse und Gemüse.

Mein Gesundheitstipp: Koche Kartoffeln und Vollkornnudeln früh genug und lass sie dann abkühlen. So profitierst du außerdem von der resistenten Stärke, die sich während des Abkühlens bildet. Sie nährt die guten Darmbakterien und sorgt für eine optimale Darmflora. Dafür ist es egal, ob du die Kartoffeln und Nudeln später kalt isst oder, zum Beispiel für ein warmes Gericht, wieder aufwärmst. Die resistente Stärke und ihre Vorteile für die Darmgesundheit bleiben glücklicherweise trotzdem erhalten.

Wie du siehst, braucht es keinen Verzicht auf Kohlenhydrate, um deinen Blutzuckerspiegel zu kontrollieren, sondern nur die richtigen Kohlenhydrate. Sind sie komplex und unverarbeitet, tragen sie zur Gesundheit deines Körpers bei, versorgen ihn mit Energie, steigern deine Leistungsfähigkeit und schmecken richtig zubereitet auch noch richtig lecker. Wirf an dieser Stelle ruhig schon mal einen Blick auf die Rezepte ab Seite 63.

 # 1 Meine Empfehlung für einen harmonischen Blutzuckerspiegel: Lass Einfach- und Zweifachzucker links liegen und iss stattdessen vollwertige Kohlenhydrate!

Von wegen Ballast: Ballaststoffe

Was nicht vergessen werden darf: Vollwertige Kohlenhydrate sind auch eine hervorragende Ballaststoffquelle. Du erinnerst dich: Ballaststoffe, das sind diejenigen Fasern der Pflanze, die ihr als Gerüst- und Stützsubstanz dienen und für uns nicht verdaulich sind. Anders als ihr Name vermuten lässt, sind sie deswegen jedoch keinesfalls Ballast. Ganz im Gegenteil: Die Zufuhr ballaststoffreicher Nahrungsmittel ist sogar enorm wichtig, wenn es um die Vorbeugung ernährungsbedingter Krankheiten und Entzündungen sowie den Abbau von Übergewicht geht. Und darum, Glukosespitzen zu vermeiden. Man unterscheidet bei den Ballaststoffen zwischen wasserlöslichen und wasserunlöslichen. Die wasserlöslichen verbinden sich mit Wasser – und das zum Teil schon mit dem Speichel beim ausgiebigen Kauen – und bilden dabei eine gelartige Konsistenz. Manche von ihnen quellen dadurch auf ein Vielfaches ihres ursprünglichen Volumens auf. Nimmt man sie mit der Nahrung auf, erhöht sich dadurch das Darmvolumen deutlich. Dies regt unter anderem die Darmbewegung an und verbessert deutlich die Verdauung. Zu diesen Ballaststoffen zählen unter anderem Pektin und Inulin. Pektin kommt überwiegend in Obstarten wie Äpfeln, Birnen und Aprikosen vor. Aber auch in Möhren, Tomaten und einigem anderen Gemüse ist es enthalten.

Inulin hingegen findet sich in Gemüse wie Schwarzwurzeln, Artischocken und Topinamburen. Letztere sind übrigens eine tolle Alternative zu anderen Kohlenhydratquellen wie Vollkornreis oder Kartoffeln.
Wasserunlösliche Ballaststoffe nehmen kein Wasser auf, lösen sich also auch nicht darin auf. Zu ihnen zählt insbesondere Zellulose. Sie ist der Hauptbestandteil von Pflanzen und bildet reißfeste Fasern, die wir durch ausreichendes Kauen zwar zerkleinern, aber nicht auflösen können. Ein weiterer wasserunlöslicher Ballaststoff ist Lignin, das ebenfalls in den Zellwänden von Pflanzen vorkommt. Nahrungsmittel, die wasserunlösliche Ballaststoffe wie Zellulose und Lignine enthalten, sind zum Beispiel Getreide, Getreideprodukte, Hülsenfrüchte und viele verschiedene Gemüsesorten wie Grünkohl.
Vor allem die wasserlöslichen Ballaststoffe dienen als Futter für die Darmflora und vermehren bestimmte gute Bakterienstämme (Präbiotika).[8, 9] Sie wandern unverdaut durch den Magen und Dünn- bis in den Dickdarm, wo sie von den Bakterien zu kurzkettigen Fettsäuren zersetzt werden, die anschließend ins Blut gelangen und allerlei positive Auswirkung auf die Gesundheit haben, weil sie zum Beispiel das Immunsystem stärken und vor Arterienverkalkung schützen.

Gutes Mikrobiom, seltener zuckerkrank

Studien zeigen, dass eine große Vielfalt an guten Darmbakterien die allgemeine Gesundheit eines Menschen erheblich verbessern und fördern kann.[10] Dabei erkennt die Forschung auch immer mehr Zusammenhänge zwischen Mikrobiom und verschiedenen Stoffwechselstörungen, darunter auch Diabetes. Zum einen geht man davon aus, dass bestimmte Teile der Darmflora eng mit dem Stoffwechsel verknüpft sind: Nimmt die Zahl dieser Bakterien ab, kann sich dadurch die Stoffwechselgesundheit verschlechtern.
Zum anderen kann eine unvorteilhafte Zusammensetzung der Darmbakterien die Barrierefunktion der Darmschleimhaut derart verschlechtern, dass neben den Nahrungsbestandteilen auch Bakterien in den Blutkreislauf gelangen. Dort können sie dann Entzündungen auslösen, die sich wiederum negativ auf das Gewicht und die Insulinresistenz auswirken.[11, 12] Umso wichtiger ist es, die gesunden Darmbakterien ausreichend mit Ballaststoffen zu »füttern« und so den Stoffwechsel gesund zu erhalten.
Auf jeden Fall macht eine ballaststoffreiche Ernährung den Speisebrei im Dünndarm dickflüssiger und voluminöser. Das hat zur Folge, dass die Nährstoffe darin langsamer zerlegt und auch langsamer ins Blut aufgenommen werden. Und das wiederum wirkt sich besonders auf den Blutzuckerspiegel positiv aus, weil dadurch Glukosespitzen ausbleiben – genauso wie die vermehrte Insulinausschüttung, die sonst automatisch darauf folgen würde. Womöglich lässt sich sogar bei einem bereits bestehenden Typ-2-Diabetes die medikamentöse Behandlung reduzieren, wenn die Nahrung ballaststoffreich genug ist.[13]
Damit Ballaststoffe ihre präventive Wirkung entfalten können, müssen wir allerdings auch entsprechende Mengen davon zu uns nehmen. Und genau das ist das Problem! Denn wie Vitamine, Mineralstoffe und Spu-

renelemente stecken sie nur in vollwertig pflanzlichen Nahrungsmitteln und nicht in tierischen Produkten. Unsere westliche Standardernährung besteht jedoch mittlerweile vor allem aus verarbeiteten Produkten, Fast Food oder Fertiggerichten. Das ist zwar zeitsparend, unkompliziert in der Zubereitung und oft auch noch günstiger, geht aber langfristig zulasten unserer Gesundheit.
30 Gramm Ballaststoffe am Tag lautet die Empfehlung der Deutschen Gesellschaft für Ernährung (DGE).[14] Und das ist vermutlich noch nicht einmal die Hälfte von dem, was unsere Vorfahren zu sich genommen haben.

Puffer gegen Zucker

Selbst wenn du es nicht sofort schaffst, den Ballaststoffanteil deiner Ernährung zu steigern, kannst du doch bei jeder Mahlzeit versuchen, den positiven Einfluss auf den Blutzuckerwert zu nutzen. Wie? Ganz einfach, indem du vor jeder Mahlzeit erst einmal eine Portion Salat oder Rohkost isst. Ein Teller Gemüsesuppe oder -eintopf erfüllt die gleiche Aufgabe. Es geht einfach darum, den Verdauungstrakt erst einmal mit Ballaststoffen zu füllen, ohne dem Körper dabei gleichzeitig viele Kalorien zuzuführen. Dadurch ist er beschäftigt und hat keine Kapazität, die schnelleren Kohlenhydrate wie gewohnt mal eben so »durchzuwinken«.
Salat oder eine Suppe vorab (meinetwegen auch beides, wenn du gerade sehr hungrig bist) haben aber noch einen anderen Effekt: Wasserlösliche Ballaststoffe bilden im Magen eine gelartige Schicht, die dessen Entleerung um ganze 25 Prozent verzögert. Dadurch isst man automatisch weniger, bleibt aber trotzdem länger satt. Warum auch das wichtig für den Blutzuckerspiegel ist, verrate ich dir später noch. Die Gelschicht verhindert zudem, dass nicht aller Zucker auf einmal im Darm aufläuft. Und im Dünndarm puffern die Ballaststoffe die Geschwindigkeit, mit der die Zuckermoleküle über die Darmwand ins Blut gelangen, dann noch mal ab, weil sie wie ein feines Sieb wirken, durch das sich diese erst einmal hindurchquetschen müssen. Ganz nebenbei füllt so eine Vorspeise den Magen schon mal recht gut, sodass du danach gar nicht mehr so viel essen wirst.

 # 2 Meine Empfehlung für einen harmonischen Blutzuckerspiegel: Achte auf eine ausreichende Ballaststoffzufuhr – Minimum 30 Gramm pro Tag! Iss außerdem vor jeder Mahlzeit eine Portion ballaststoffhaltiges Gemüse.

Superfood Hafer

Ob Eiweiß-, Vitamin- oder Ballaststoffgehalt: Dieses Getreide kann so gut wie überall punkten und sollte deshalb noch viel öfter auf dem Teller landen.

Eine meiner liebsten Kohlenhydrat- und Ballaststoffquellen ist Hafer, der zu Unrecht lange Zeit in Vergessenheit geraten war. Ich finde nicht nur, dass er unter allen Getreidearten den besten Geschmack hat. Er ist auch von Natur aus glutenfrei. Die Diskussion, ob Menschen mit Glutenunverträglichkeit oder Zöliakie Hafer essen dürfen oder nicht, kommt daher, wie und vor allem wo der Hafer angebaut und verpackt wird. Meist wird Hafer nämlich neben Weizenfeldern angebaut und nach der Ernte oft in denselben Anlagen verarbeitet und verpackt. Dadurch können Reste von Weizen in den Haferflocken vorkommen.

Ein echter Gesundheitsbooster

Auch steckt Hafer voller gesunder Inhaltsstoffe. Neben Mineralstoffen wie Magnesium, Phosphor, Eisen und Zink sind das zum Beispiel Vitamin B_1 und B_6, die besonders wichtig für Stoffwechselvorgänge sind, das Antioxidans Vitamin E sowie das einzigartige Avenanthramid, das die antioxidative Abwehr im Körper erhöhen kann. Es kommt ausschließlich in Hafer vor und Wissenschaftler sagen ihm nach, vorzeitiges Altern, chronische Krankheiten, Krebs, Herz-Kreislauf-Erkrankungen und Schlaganfälle verhindern zu können.[15, 16] Viele Stoffe im Hafer sollten laut Experten zufolge noch mehr im Fokus bei der Lebensmittelproduktion stehen. Gerade aufgrund der gesunden Inhaltsstoffe sehen sie Hafer als absoluten Gesundheitsförderer an.[17]

Blutzuckersenker Beta-Glucan

Durch seinen hohen Anteil an komplexen Kohlenhydraten schenkt Hafer reichlich Energie, sättigt lang anhaltend und kann so helfen, Heißhunger vorzubeugen.[18, 19] Das hat auch mit seinem Ballaststoffreichtum zu tun. Zehn Prozent beträgt der Gehalt an löslichen und unlöslichen Ballaststoffen, das ist richtig viel! Besonders hochwertig ist der wasserlösliche Ballaststoff Beta-Glucan. Er gehört zu den Präbiotika, die die guten und gewünschten Darmbakterien aktivieren und ihr Wachstum stimulieren. Gleichzeitig hemmt Beta-Glucan Krankheitserreger in ihrem Wachstum – optimale Bedingungen also für ein reibungsloses Funktionieren deines Verdauungstraktes.[20]

Und noch etwas ist hier wichtig: Beta-Glucan ist nicht nur in der Lage, cholesterinhaltige Gallenflüssigkeit zu binden, über den Darm auszuscheiden und damit den allgemeinen Cholesterinspiegel nach unten zu bringen. Er senkt genauso auch den Blutzuckerspiegel oder hält ihn nach dem Verzehr von einer Portion Haferflocken konstant. Insbesondere in der Ernährung von Diabetikern spielt Hafer deshalb eine immens wichtige Rolle.[21]

Wie eine Studie zeigt,[22] kann schon eine zweitägige Haferkur, bei der dreimal am Tag nur in Wasser oder Gemüsebrühe eingeweichte Haferflocken gegessen werden, die benötigte Insulindosis bei Typ-2-Diabetikern deutlich senken. Und das nicht nur an diesen Tagen, sondern beinahe einen ganzen Monat lang.

So extrem musst du aber gar nicht sein, keine Sorge. Schon drei gehäufte Esslöffel Haferflocken am Tag (40 Gramm) reichen, um von diesen Gesundheitsvorteilen zu profitieren. Und du kannst gerne noch mehr essen – egal ob als erste Mahlzeit des Tages in Form von Porridge, Smoothiebowl oder Brot oder in einer veganen Burgeralternative, wenn unerwartet Freunde zu Besuch kommen. Rezepte dafür findest du im nächsten Kapitel.

Am besten Nackthafer

Die meisten Haferflocken, die du im Supermarkt kaufen kannst, wurden bei der Herstellung auf bis zu 70 Grad erhitzt – und dabei spielt es keine Rolle, ob du zu kernigen oder feinen, zu Großblatt- oder Schmelzflocken greifst. Warum? Durch die Erwärmung lässt sich der harte Spelz, der das Korn umgibt, besser lösen. Leider gehen durch die Hitze aber auch wertvolle Inhaltsstoffe verloren. Ich empfehle daher sogenannten Nackthafer, auch wenn der meistens nur in Bioläden oder Reformhäusern erhältlich ist. Weil ihm der harte Spelz von Natur aus fehlt, muss er nicht erhitzt werden und wird deshalb in Rohkostqualität angeboten, in der dann noch alle gesunden Wirkstoffe stecken.

Mein Tipp: In Haferkleie ist der Gehalt an Beta-Glucan übrigens noch einmal doppelt so hoch wie im ganzen Korn. Das liegt daran, dass sie aus den Randschichten des Korns und dem Keimling gewonnen wird, weshalb sie besonders reich an Nährstoffen ist. Sie unterstützt damit das Darmmikrobiom und hält besonders lange satt. Haferkleie ist als grob gemahlener Grieß und als Flockenform erhältlich.

Vorsicht heißt es dagegen bei Haferdrinks. Denn in flüssiger Form gelangt der Zucker aus dem Getreide ohne Umwege ins Blut und kann dadurch unerwünschte Glukosespitzen verursachen.

Wundermittel Apfelssig

Bleiben wir doch noch kurz beim Mikrobiom. Auch milchsauer vergorene Lebensmittel wie Sauerkraut, dessen asiatische »Vewandte« Kimchi oder auch Tempeh, ein beliebter Ersatz für Fleisch, der aus fermentierten Sojabohnen besteht, sind ein Fest für die gute Darmflora. Die Milchsäure sorgt für eine leicht saure Umgebung im Darm, sodass unerwünschte Mikroben abgetötet werden. Ihnen ist so ein Milieu einfach zu sauer. Die gewünschten guten Bakterien hingegen fühlen sich unter diesen Bedingungen sehr wohl.

Eines meiner liebsten fermentierten Lebensmittel ist übrigens Apfelessig, der seit Jahrhunderten auch medizinisch verwendet wird. Wobei ich ehrlicherweise auch sagen muss, dass Apfelessig sein besonderes Potenzial weniger der Milch- als der Essigsäure mit ihrer stark antibakteriellen Wirkung verdankt. Weshalb ich Apfelessig hier so hervorhebe, hat aber noch einen anderen Grund: Er kann nachweislich beim Abnehmen unterstützen, indem er Blutzuckerspitzen entgegenwirkt, das haben mehrere Studien gezeigt.[23–25]
Dazu genügt es, vor dem Essen ein Glas Wasser mit einem Esslöffel Apfelessig zu trinken, meinetwegen auch Weißweinessig (allerdings keinen Balsamico, der aus Traubenmost gewonnen wird und deshalb sehr viel Zucker enthält). Positiver Nebeneffekt von so einem ungewöhnlichen Aperitif: Die Flüssigkeit dehnt schon mal den Magen, das Gehirn erhält erste Signale über dessen »Füllstand« und du bist anschließend schneller satt.[26]
Dieselbe Wirkung kannst du übrigens erzielen, indem du vor der Hauptmahlzeit einen Salat mit Essigdressing isst (da haben wir ihn wieder!). Genauso gut ist ein Schälchen Sauerkraut oder anderes milchsauer vergorenes Gemüse, das mit seinen Inhaltsstoffen die Grundvoraussetzung für einen gut funktionierenden Stoffwechsel schafft – und gleichzeitig noch viele Ballaststoffe enthält.

 # 3 Meine Empfehlung für einen harmonischen Blutzuckerspiegel: Trink vor den Hauptmahlzeiten, gerade vor den kohlenhydratlastigeren, ein großes Glas Wasser mit einem Esslöffel Apfelessig darin!

Ein Hoch auf pflanzlich basierte Ernährung!

Immer mehr Menschen ernähren sich heute vegetarisch oder sogar vegan. Das mutet modern an, aber im Grunde kehren wir damit nur zu unseren Wurzeln zurück. Denn unsere Vorfahren waren noch nie reine Fleischfresser. Vielmehr deckten sie von den Anfängen der Menschheit bis ins letzte Jahrhundert hinein den Großteil ihrer Nahrung mit pflanzlicher Kost.
Wie Zucker war auch Fleisch die meiste Zeit ein Luxusprodukt, doch das hat sich in den letzten Jahrzehnten komplett geändert. Zumindest in den westlichen Industrienationen ist es ein billiges Massenprodukt geworden, ohne Rücksicht auf Tierwohl und Umwelt. Doch wir zollen dieser Ernährungsweise auch Tribut: 80 Prozent der Zivilisationskrankheiten stehen in Zusammenhang mit einem hohen Anteil an tierischer Nahrung. Demgegenüber könnte eine überwiegende vegane Vollwertkost die Gesundheit fördern und das Leben verlängern.

Tierisches Eiweiß lockt Insulin ...

Wenn es um rein pflanzliche Ernährung geht, kommt die Rede allerdings meistens recht schnell aufs Eiweiß. Immer wieder wird dabei behauptet, dass die Eiweißversorgung bei Veganern nicht sichergestellt sei und damit ein erhöhtes Krankheitsrisiko einhergehe. Dabei ist es genau andersherum!
Ein Grund: Tierisches Eiweiß kommt überwiegend mit jeder Menge schlechter Fette daher. Langfristig drohen so erhöhte Fettwerte, Entzündungskrankheiten, Herz-Kreislauf-Erkrankungen und sogar Krebs. Tierische Lebensmittel aus der Massentierhaltung sind außerdem mit Antibiotika und Hormonen belastet.
Ein anderer Grund: Beim Verzehr entstehen dieselben Ketonkörper, die der Organismus in Ausnahmefällen zur Energiegewinnung bildet (siehe Seite 38 f.). Diese sind zwar zur kurzfristigen Überbrückung von Energietiefs absolut wichtig. Auf Dauer aber haben sie auf unsere Gesundheit äußerst negative Auswirkungen. Vor allem liegt das daran, dass sie den Säure-Basen-Haushalt recht schnell in die Schieflage bringen. Damit der pH-Wert des Blutes davon unbetroffen bleibt, springen verschiedene »Puffersysteme« an. Unter anderem greift der Körper auf seine eigenen Mineralstoffdepots zurück, um das Missverhältnis auszugleichen, und entzieht zum Beispiel den Knochen viel Kalzium. Eine schwerwiegende Folge davon ist Osteoporose.[27]
Zu viele Säuren im Raum zwischen den Zellen und dem Bindegewebe mindern zudem dessen Fähigkeit, Wasser zu binden. Dadurch wird es weniger belastbar – genauso übrigens wie die Faszien, also jene Bindegewebsstrukturen, die unsere Muskeln und Organe umhüllen. Das steigert das Verletzungsrisiko. Auch die Gelenke werden beeinträchtigt. Vor allem aber wird die Versorgung der Zellen immer schwieriger, weil die Zwischenzellflüssigkeit immer weniger Stoffwechselabfall aus den Zellen aufnehmen und immer weniger neue Nähr- und Baustoffe herbeitransportieren kann. Zugleich wird die Signalübermittlung zwischen den Zellen reduziert. Das alles ebnet den Weg für die Entstehung schwerer Krankheiten.

Auch auf den Blutzuckerwert hat tierisches Eiweiß einen direkten Einfluss. Schon in den 1940er-Jahren ging der Internist Prof. Dr. Lothar Wendt davon aus, dass durch eine zu hohe tierische Eiweißlast die Membran der kleinsten Blutgefäße verdickt, was wiederum den Glukoseabtransport aus dem Blut behindert. Sein Konzept der Eiweißspeicherkrankheit war damals brandneu, wurde aber lange kaum beachtet – obwohl er bei seinen Patienten durch Tiereiweiß-Fasten unglaubliche Erfolge erzielte. Heute ist durch unterschiedliche Studien längst belegt, dass tierisches Eiweiß an der Entstehung unzähliger (auch chronischer) Krankheiten beteiligt ist.[28, 29]

In tierischen Produkten finden sich außerdem mehr sogenannte verzweigtkettige Aminosäuren (Valin, Leucin und Isoleucin), die die Ausschüttung von Insulin aus der Bauchspeicheldrüse genauso anregen wie Glukose. Das bedeutet: Eine stark fleischlastige Ernährung bzw. eine Ernährung, die reich an tierischen Eiweißen ist, kann genauso zu einer Insulinresistenz und damit letztendlich auch zu Diabetes führen wie eine stark kohlenhydratlastige. Dagegen zeigt eine neue Studie, dass vegane Ernährung nicht nur zu deutlich niedrigeren Insulinwerte führt, sondern auch eine bereits bestehende Insulinresistenz abschwächt. Neben dem Blutzuckerspiegel sinken außerdem Entzündungsparameter. Und das Beste ist, dass das alles richtig schnell vonstattengeht. Schon nach 48 Stunden ist die Verbesserung messbar. Damit bestätigt sich, was auch andere Untersuchungen bereits gezeigt haben: Vegane Ernährung erhöht die Insulinempfindlichkeit innerhalb kürzester Zeit.[30, 31]

… und kann sogar krank machen

Leber und Mikrobiom leiden ebenfalls nicht nur unter zu viel Zucker, sondern genauso unter zu viel tierischem Eiweiß. Ersteres liegt daran, dass es beim Abbau von Aminosäuren unter anderem auch der Giftstoff Ammoniak entsteht. Weil dieser in hoher Konzentration dem Gehirn schadet, muss er in harmlose Substanzen umgewandelt werden, die dann mit dem Urin, Schweiß und Atem ausgeschieden werden können. Für diese Umwandlung ist die Leber zuständig. Allerdings kommt auch dieses leistungsfähige Organ irgendwann an seine Grenzen …

Unseren Darm kann ein zu hoher Eiweißanteil gleichfalls überfordern. Unzureichend gespaltene Eiweißmoleküle gelangen dann in den Dickdarm und werden erst dort von Bakterien verstoffwechselt – was zu Blähungen führen kann. Die Tatsache, dass tierische Kost keinerlei Ballaststoffe enthält, kann solche und andere Verdauungsbeschwerden noch verstärken. Und apropos Bakterien: Einige schlechte Stämme von ihnen bilden ebenfalls Ammoniak.

Aber nicht nur Fleisch gefährdet die Gesundheit, auch Tiermilch und die aus ihr hergestellten Produkte wie Joghurt, Quark, Molke oder Käse – die wissenschaftliche Erkenntnislage hierzu ist eindeutig.[32] So aktiviert beispielsweise Milch den Zentralschalter des Wachstums, den Enzymkomplex mTORC1, und regt so die Zellen an, sich zu teilen. Bestimmte Aminosäuren im Milcheiweiß führen zudem zur Ausschüttung von Wachstumshormonen, neben IGF-1 auch Insulin.

In der Wachstumszeit von Kälbchen, den natürlichen Empfängern der Kuhmilch, sind diese Vorgänge absolut notwendig. Bei erwachsenen Menschen jedoch begünstigen diese wachstumsbeschleunigenden Mechanismen die Entwicklung mTORC1-abhängiger Zivilisationskrankheiten, darunter Übergewicht (übermäßige Stimulation der Fettzellen) und Diabetes (Überaktivierung der Insulin bildenden Inselzellen der Bauchspeicheldrüse). Menschen reagieren dabei unterschiedlich schnell auf die wachstumsbeschleunigenden Mechanismen. Wenn du Probleme mit dem Blutzuckerspiegel vorbeugen willst, spätestens aber, wenn du an Adipositas oder Typ-2- Diabetes erkrankt bist, solltest du Milch und deren Produkte einfach weitestgehend weglassen. Es gibt heute wirklich sehr viele gute pflanzliche Alternativen!

Vorteile der veganen Ernährung

Keine Frage: Eiweiße sind für einen gesunden Körper enorm wichtig. Aber es könnte durchaus sein, dass die Empfehlungen für den täglichen Eiweißbedarf – je nach Lebensalter 0,8 bis 2 Gramm pro Kilogramm Körpergewicht – viel zu hoch sind. Wie es aussieht, reicht es, wenn der Eiweißanteil 10 bis 15 Prozent der Kalorienzufuhr ausmacht. Diese Menge bekommst du auch gut zusammen, wenn du auf pflanzliches Eiweiß setzt. 100 Gramm Haferflocken etwa enthalten rund 14 Gramm Eiweiß und damit nur 8 Gramm weniger als Hähnchenbrust (dafür ist der Eisengehalt etwa doppelt so hoch wie bei Fleisch). Im Gegensatz zu Tierprodukten mit ihren massiven negativen Begleiterscheinungen sind in Pflanzen zudem weder

Top pflanzliche Eiweißquellen

- Hülsenfrüchte wie Bohnen, Linsen, Erbsen und Kichererbsen
- Sojaerzeugnisse, etwa Miso, Natto, Tempeh und Tofu
- Nüsse und Samen wie Wal- und Haselnüsse, Mandeln, Cashew und Kürbiskerne, Hanf- und Chiasamen
- Getreide wie Hafer, Hirse, Roggen, Emmer und Dinkel, aber auch Pseudogetreide, vor allem Quinoa, Amarant und Buchweizen, sowie Vollkornreis
- Keimlinge und Sprossen

Antibiotikarückstände und Hormone noch entzündungsfördernde Fette enthalten.
Die biologische Wertigkeit einzelner pflanzlicher Eiweiße ist zwar etwas geringer als die einzelner tierischer Eiweiße (Ausnahme: Sojaeiweiß). Aber das lässt sich durch eine abwechslungsreiche Ernährung und die gezielte Kombination unterschiedlicher Eiweißlieferanten mehr als ausgleichen. So lässt sich etwa der geringe Lysingehalt von Getreide durch den höheren in Hülsenfrüchten, Sojaprodukten und Ölsamen ausgleichen. Praktischerweise musst du dazu nicht einmal alles auf einmal essen. Es reicht, wenn du bei den verschiedenen Mahlzeiten für Abwechslung sorgst. Und das sollte dank der Rezeptideen ab Seite 63 nicht schwerfallen.

 # 4 Meine Empfehlung für einen harmonischen Blutzuckerspiegel: Ziehe pflanzliches Eiweiß tierischem vor. Es braucht auch gar nicht so große Mengen: 10 bis 15 Prozent der Kalorien in Form von Eiweiß am Tag reichen völlig aus.

Klein, aber oho: sekundäre Pflanzenstoffe

Neben den Ballaststoffen gibt es noch andere Vitalstoffe, die ausschließlich in Pflanzen vorkommen: die sekundären Pflanzenstoffe (SPS). Tausende von ihnen wurden bereits entdeckt, 10 bis 20 Prozent davon stecken auch in unserer Nahrung.
Eigentlich bilden Pflanzen diese bioaktiven Stoffe, um sich selbst zu schützen, beispielsweise vor Fraßfeinden oder UV-Strahlung. Doch wir profitieren von dieser Schutzwirkung ebenso. So binden etwa Polyphenole unter anderem als Radikalfänger aggressive Sauerstoffmoleküle und wirken Entzündungen entgegen. Andere SPS haben gleich direkten Einfluss auf den Blutzuckerwert, so wie das Flavonoid Naringenin, das beispielsweise für den bitteren Geschmack der Grapefruit verantwortlich ist. Laut Forschern der University of Western Ontario soll es den Blutzuckerspiegel senken und möglicherweise sogar eine schon bestehende Insulinresistenz aufheben können. Inositol, ein weiterer sekundärer Pflanzenstoff in Grapefruits, erhöht ebenfalls die Insulinempfindlichkeit der Zellen.[33] Es lohnt sich also durchaus, dieses Obst regelmäßig auf den Speiseplan zu setzen, auch wenn es etwas fruktosereicher ist als andere Zitrusfrüchte. Aber Vorsicht: Wenn du bereits Diabetesmedikamente einnehmen musst, kann es zu Wechselwirkungen mit Inhaltsstoffen der Grapefruit kommen.[34] Sprich in diesem Fall erst mit deinem Arzt.
Die Flavone Luteolin (in Möhren, Paprika, Sellerie und Kohl, Pfefferminze, Thymian, Rosmarin, Oregano und Petersilie, aber auch in Olivenöl und grünem Tee) und Apigenin (Orangen, Zwiebeln und Petersilie) beeinflussen neben ihrer antioxidativen und entzündungshemmenden Wirkung womöglich die Insulinausschüttung sowie die Zucker- und Fettbildung in der Leber. Damit könnten sie eine antidiabetische Wirkung haben.[35] Auch Sulforaphan aus Brokkoli könnte die Glukoseneubildung in der Leber hemmen.[36]

 # 5 Meine Empfehlung für einen harmonischen Blutzuckerspiegel: Nutze die positive Auswirkung von sekundären Pflanzenstoffen, indem du reichlich Gemüse isst.

Was tun bei Lust auf Süßes?

Bedeutet das alles nun, dass du überhaupt nichts Süßes mehr essen darfst? Hier deshalb gleich die Entwarnung: Du musst nicht darauf verzichten, ein bisschen Zucker hier und da schadet sicherlich nicht. Wie bei fast allem im Leben geht es um ein gewisses Maß oder Gleichgewicht. Die Dosis macht auch hier das Gift, jedoch weiß ich auch, wie schnell aus einer kleinen Menge oftmals deutlich größere Mengen werden können. Gerade bei zuckerreichen Lebensmitteln wie Süßigkeiten fällt es den meisten schwer, Maß zu halten. Kein Wunder: Unser Belohnungszentrum wird bereits durch ein (!) Stück Schokolade angesprochen und die Gedanken an den stressigen Tag, der hinter uns liegt, rechtfertigt dann oftmals das Naschen der ganzen Tafel Schokolade am Abend.

Zum Glück lässt sich Süßlust auch auf gesündere Art befriedigen. Am besten eignen sich hierfür Früchte. Sie schmecken nicht nur unglaublich lecker, sondern haben auch einen hohen Anteil an sekundären Pflanzenstoffen. Das gilt insbesondere für Beeren (Blaubeeren, Brombeeren, Johannisbeeren, Erdbeeren, Himbeeren und Erdbeeren), die reich an Antioxidantien sind.
Abgesehen davon kannst du einfach mal ausprobieren, in herkömmlichen Rezepten ein Drittel des Zuckers wegzulassen, vielleicht sogar die Hälfte. Und statt normalem Haushaltszucker lege ich dir Yakonsirup ans Herz. Dieser pflanzliche Zucker wird aus einer Knolle gewonnen und ist reich an Fructooligosacchariden (FOS), die eine positive Wirkung auf unsere Darmgesundheit haben und als Präbiotika gelten.[37] Zusätzlich beeinflusst

das in dem Sirup enthaltene Inulin den Blutzucker- und damit auch den Insulinspiegel kaum bis gar nicht. Das macht ihn nicht nur für Diabetiker und übergewichtige Patienten zu einem geeigneten Süßungsmittel,[38] sondern für alle, die auf ihren Blutzucker achten wollen.

Eine kleine Einschränkung gibt es jedoch: Fructane gehören zu den sogenannten FODMAPs (fermentierbare Oligo-, Di-, Monosaccharide und (englisch: and) Polyole). Wie Ballaststoffe gelangen die meisten von ihnen unverdaut in den Darm, wo sie von den dort ansässigen Bakterien abgebaut werden. Das kann bei empfindlichen Menschen zu Blähungen, Bauchweh und Verdauungsbeschwerden führen.

Wenn du davon betroffen bist oder wenn du an einer Fruktoseunverträglichkeit leidest, kannst du es alternativ mit Reissirup als Süßungsmittel versuchen, der kaum Fruchtzucker enthält. Wegen des hohen Glukoseanteils schlägt er sich allerdings direkt auf den Blutzuckerspiegel nieder. Also: bitte in Maßen einsetzen.

Auch aufs Timing kommt es an

Es gibt übrigens noch einen recht einfach zu berücksichtigenden Trick, um den Blutzuckerwert nach Süßspeisen im Zaum zu halten. Er lautet: Iss Süßes direkt nach einer Mahlzeit, nicht als Snack zwischendurch. Ein Dessert nach dem Mittagessen erzeugt deutlich weniger Glukosespitzen als eine Handvoll Gummibärchen, ein Schokoriegel oder ein paar Kekse am Nachmittag. Nach der Hauptmahlzeit ist der Blutzuckerspiegel ohnehin schon erhöht, zudem puffern die komplexen Kohlenhydrate und vor allem die Ballaststoffe den Zucker aus dem Nachtisch deutlich ab. Abends solltest du trotzdem auf einen süßen »Nachschlag« verzichten, um die nächtliche Insulinkurve schön flach zu halten.

 # 6 Meine Empfehlung für einen harmonischen Blutzuckerspiegel: Wenn du etwas Süßes »brauchst«, iss lieber ein Dessert nach dem Mittagessen als einen süßen Snack zwischendurch. Greif dabei gerne zu frischen Früchten, am besten Beeren.

Fassen wir also noch einmal zusammen: Mit einer vollwertig-pflanzlichen Ernährungsform aus nicht oder gering verarbeiteten Lebensmitteln versorgst du deinen Körper mit allen benötigten Nährstoffen, kannst dabei jeden Bissen in vollen Zügen genießen und noch dazu deinen Blutzuckerwert gut in Schach halten. 50 bis 60 Prozent der Kalorien der täglichen Nahrung sollten dabei komplexe Kohlenhydrate aus Gemüse, Obst (in Maßen), Kartoffeln, Vollkornreis, Vollkorn(produkten) und Pseudogetreide ausmachen, 10 bis 15 Prozent Eiweiß, am besten pflanzliches, und etwa 25 bis 30 Prozent Fett. Zusätzlich versorgst du dich auf diese Weise mit einer Fülle an Mikronährstoffen – allen voran mit den blutzuckersenkenden Ballaststoffen.

Es ist übrigens nie zu spät, seine Essgewohnheiten zu verändern. Die positive Wirkung wirst du sehr schnell spüren. Bereits zwei Tage nach einer entsprechenden Ernährungsumstellung verbessert sich nicht nur der Wert der Blutfette Cholesterin und Triglyzeride, sondern auch die Insulinresistenz.

Die vegane Ernährungspyramide

Die vegane Ernährungspyramide zeigt auf einen Blick, wie eine Ernährung voller Nährstoffpower aussieht: Je weiter unten eine Lebensmittelgruppe steht, desto mehr davon! Was sich ganz oben wiederfindet, sollte man dagegen nur ganz selten genießen.

Veganer müssen zudem täglich Vitamin B_{12} als Nahrungsergänzungsmittel einnehmen.

Bei Süßigkeiten, Weißmehlprodukten und Alkohol: besser Hände weg!

Hochwertige pflanzliche Öle versorgen den Körper mit lebenswichtigen Fettsäuren.

Hülsenfrüchte, Nüsse und Samen sowie Erzeugnisse aus ihnen sind gute Eiweißspender.

Jodiertes Salz und Algen garantieren die Jodversorgung.

Kartoffeln, Vollkornreis, Vollkorn (-produkte) und Pseudogetreide liefern reichlich komplexe Kohlenhydrate.

In Gemüse und Obst stecken neben Vitaminen und Mineralstoffen wertvolle Ballaststoffe und sekundäre Pflanzenstoffe, die tierischen Produkten fehlen.

Täglich 2 Liter Wasser und Tee sind das Minimum, damit alle Abfallstoffe rasch abtransportiert werden können. Ausnahme: Kaffee. Wenn überhaupt, nur in Maßen trinken.

Einfach mal Pause machen

Dass regelmäßiges Fasten unzählige positive gesundheitliche Effekte hat, ist längst belegt. Aber warum ist das so und wie lässt es sich am leichtesten umsetzen?

Als ich anfing, als Ärztin zu arbeiten, hieß es noch, dass viele kleine Mahlzeiten gesünder seien als drei große. Besonders Diabetikern legte man ans Herz, sechs- bis achtmal am Tag kleinere Mengen zu sich zu nehmen. Ich persönlich fand diese Empfehlung schon damals als falsch – und in meiner langjährigen Praxis als Ernährungsmedizinerin hat sich dann auch bestätigt: Genau das Gegenteil ist der Fall! Wenn wir ständig snacken, ist unser Körper immer nur am Verdauen und Verstoffwechseln. Er kann nie zur Ruhe kommen. Denk doch nur mal daran, was das für die Bauchspeicheldrüse bedeutet, die deswegen ständig Insulin produzieren muss. Dadurch werden dem Diabetes ja erst recht alle Türen geöffnet. Mit jedem Snack werden neue Glukosemoleküle ins Blut gespült, die die Zellen bombardieren, um an die Mitochondrien zu gelangen. Und jeder Happen zwischendurch lässt die Insulinproduktion in der Bauchspeicheldrüse anspringen, um den stetig anfließenden Zucker noch irgendwie in die ohnehin schon überfüllten Zellen zu quetschen. Dazu schüttet sie teils ein Vielfaches dessen an dem Botenstoff aus, der eigentlich nötig wäre, um diese Aufgabe unter normalen Bedingungen zu bewerkstelligen. Das sorgt nicht nur dafür, dass ständig Insulin im Blut herumschwimmt, das den Fettstoffwechsel lahmlegt und, wie du jetzt weißt, immer noch mehr Hunger schürt (siehe Seite 30 ff.). Es zieht ganz automatisch auch nach sich, dass die Zellen irgendwann einfach dicht machen. Es bleibt ihnen ja auch gar nichts anderes übrig, als sich mithilfe der Insulinresistenz vor dem Glukose-Overkill zu schützen.
Die Sensoren der Bauchspeicheldrüse registrieren daraufhin, dass der Zuckerpegel im Blut immer noch zu hoch ist, und kurbeln daher die Insulinproduktion immer noch weiter an. Kein Wunder, dass das Organ über kurz oder lang schlappmacht und damit den Körper vor eine ganz neue Herausforderung stellt: Statt viel zu viel Insulin ist plötzlich viel zu wenig davon da.

Autophagie – Selbstheilungskraft des Körpers

Was neben der Insulinschwemme noch dazukommt: Wenn der Körper rund um die Uhr mit dem Verwerten von Nahrung beschäftigt ist, weil wir ununterbrochen futtern, werden unzählige von der Natur vorgesehene und für unsere Gesundheit lebensnotwendige Prozesse zurückgestellt beziehungsweise unterdrückt.

Mit der wichtigste davon ist die sogenannte Autophagie: ein geniales körpereigenes »Recyclingprogramm«, bei dem Abfallstoffe, die im Zuge der Nahrungsverwertung und des Stoffwechsels in den Zellen und den Zwischenzellräumen anfallen, verdaut und wiederverwertet werden. Die Autophagie ist, wie es aussieht, einer der Schlüsselmechanismen für unsere Gesundheit. 2016 erhielt der japanische Zellbiologe Yoshinori Ohsumi für die Aufklärung dieses Prozesses deswegen sogar den Nobelpreis für Medizin.[39]
Und jetzt kommt es: Autophagie kann perfekt während längerer Nahrungspausen stattfinden. Erst wenn wir ungefähr zwölf Stunden nichts gegessen haben, machen sich im Körper verschiedene Verdauungsenzyme und Säuren daran, alten Mikroabfall, beschädigte Zellbestandteile und verbrauchte Eiweißmoleküle zu zerkleinern, abzubauen und dann wieder zu neuen Bauteilen und Brennstoff zusammenzusetzen. Das Ganze hat natürlich wieder evolutionäre Wurzeln, denn so konnten unsere Urzeitahnen auch einmal einen längeren Zeitraum ohne Nahrung überleben.[40]
Etwa zwölf Stunden ohne Nahrung braucht es auch, bis der Körper an seine eigenen (Bauch-)Fettreserven geht und in Fettsäuremoleküle, die sogenannten Ketone oder Ketonkörper, umwandelt, die die Energieversorgung von Herz, Hirn und weiteren lebensnotwendigen Organen sicherstellen sollen, weil der Vorrat an Glukose verbraucht ist. Vielleicht wunderst du dich jetzt, was daran gut sein soll? Schließlich habe ich im vorangegangenen Kapitel erst über die unguten Folgen dieser kohlenhydratfreien

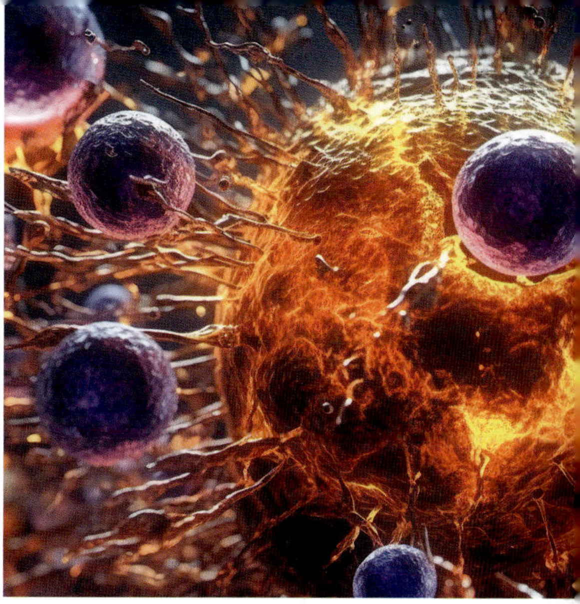

Art der Energieversorgung geschrieben. Sie ist auch keinesfalls eine erstrebenswerte Dauerlösung! Wenn unser Körper allerdings nur für kurze Zeit, dafür aber in regelmäßigen Abständen auf das »Notfall-Energieprogramm« umstellt, indem es dadurch immer wieder trainiert wird, hat das durchaus positive Effekte auf die Gesundheit: Ketone aktivieren die Nervenzellen, das Denkvermögen und lassen aus Hirnstammzellen neue Hirnzellen entstehen. Sie senken den negativen LDL-Cholesterinspiegel und tragen damit zur Herzgesundheit bei. Und sie haben einen beruhigenden Effekt auf alle chronischen Entzündungsvorgänge, wie sie nicht nur für Allergien, Hashimoto, Multiple Sklerose, Rheuma und andere Autoimmunerkrankungen typisch sind, sondern eben auch für Übergewicht und Diabetes. So wie Allergiesymptome abnehmen und Schmerzen nachlassen, normalisieren sich auch die Blutzuckerwerte. Damit können

Ketone sogar Krebszellen den Garaus machen, weil diese sich meistens nicht von Fettsäuren, sondern von Zucker ernähren.[41–44] Nicht zuletzt entstehen auch weniger aggressive Radikale, die die Zellwände und das Erbgut beschädigen, weil bei der Energiegewinnung durch Ketone im Gegensatz zu der durch Glukose deutlich weniger Sauerstoff nötig ist.

Wie du siehst, haben längere Essenspausen also genau die entgegengesetzte Wirkung von ständigen Blutzuckerhochs. Sie verkürzen das Leben nicht, indem sie auf »Kurs Krankheit« steuern, sondern können vielmehr dazu beitragen, es zu verlängern – in Gesundheit!

Das liegt neben der eben erwähnten Ketose auch noch an anderen Stoffen: 1993 entdeckten die Biologen und Genetiker David A. Sinclair und Lenny Guarente eine Enzymfamilie, die die Reparaturaktivitäten der Zellen und deren Abwehrkräfte aufrechterhalten können und so das Erbgut und die Lebensdauer der Zelle schützen – und zwar völlig egal, wie alt wir sind. Man kann die Sirtuine, so heißen diese besonderen Enzyme, daher mit Fug und Recht auch als Reparaturmoleküle bezeichnen. Sie sind damit das Gegenteil von freien Radikalen. Und solange sie aktiv bleiben, können sie den Gesundheitszustand erhalten und verbessern und die Lebenszeit verlängern.

Vermutlich kannst du dir schon denken, was die zellschützenden Eiweiße aktiviert: Nahrungspausen und Pflanzennahrung.[45] Damit die Sirtuine wirken können, muss der Magen leer sein. Erst dann nämlich hat ein Verdauungsenzym mit dem schier unaussprechlichen Namen Koenzym Nicotinamidadenindinukleotid – es wird daher schlicht und einfach NAD genannt – nichts mehr zu tun und kann zum Unterstützer und Aktivator der Sirtuinmoleküle werden, damit sie ihren Reparaturaufgaben nachkommen.

Die Lösung: Intervallfasten

Längere Nahrungsabstinenz senkt nicht nur den Blutzuckerspiegel, sondern kann auch den Folgen vergangener Blutzuckerspitzen entgegenwirken und sie sogar wiedergutmachen. Deswegen solltest du sie genauso in deinen Alltag aufnehmen wie die Empfehlungen für eine blutzuckergesunde Ernährung. Am einfachsten gelingt das mithilfe des Intervallfastens. Dank ihm kannst du mit wirklich wenig Aufwand nahezu dieselbe Wirkung einer langen Fastenkur erzielen – und das ohne Müdigkeit, starke Anfangsschwierigkeiten wie Kopfschmerzen, Fastentiefs oder quälende Hungerphasen.

Das Prinzip dahinter: Innerhalb von acht Stunden isst du zwei oder drei große Mahlzeiten, die restlichen 16 Stunden des Tages verzichtest du dann auf Nahrung. Du findest, das klingt unmachbar? Keine Sorge! Zum einen ist alles eine Frage der Gewohnheit – und du wirst sehen, dass diese nach spätestens zehn Tagen zu greifen beginnt. Zum anderen sorgt die richtige Zusammensetzung der Mahlzeiten im achtstündigen Essenszeitfenster dafür, dass du auch mehrere Stunden ohne Nachschub locker überstehst. Und nicht zuletzt legen die meisten Menschen die 16-stündige Nahrungspause einfach auf irgendwann zwischen 18 Uhr und 13 Uhr am darauffolgenden Tag, wodurch ein großer Teil der Fastenphase auf die Nacht fällt, wo du ohnehin schläfst. Zudem bereitest du damit den Weg für alle gesundheitlich wirksamen Selbstheilungsprozesse deines Körpers. Nächtliches Essen, ja bereits Essen am späten Abend ist dagegen eine wahre Katastrophe, weil es all diese wichtigen Prozesse im Keim erstickt.
Wenn du nicht unbedingt ein Abendessen brauchst, kannst du auch schon ab 17 Uhr fasten und um 9 Uhr mit einem Frühstück in den neuen Tag starten. Je nach Appetit kommen dann tagsüber noch Mittag- und »Abendessen« dazu, ehe du um 17 Uhr erneut in den Fastenmodus wechselst. Intervallfasten ist wirklich extrem flexibel, du kannst es ganz individuell an deinen Alltag anpassen. Wichtig ist nur die 16-stündige Essenspause. (**Tipp:** Damit du alle Infos noch einmal auf einen Blick hast, habe ich dir auf der hinteren Umschlagklappe einen Intervallfasten-Fahrplan zusammengestellt).

Gerade bei hohen Blutzuckerwerten, bei Insulinresistenz und Diabetes ist diese Art des Fastens, kombiniert mit vollwertiger Pflanzenkost, die sinnvollste und beste Therapie. Die Fastenzeiten geben der Bauchspeicheldrüse die Ruhephasen, die sie benötigt, um sich wieder zu regenerieren. Ohne Insulin im Blut beginnt der Fettabbau und die Bildung von Ketonkörpern und alle negativen Auswirkungen eines Diabetes werden Stück für Stück ausgebessert. Zellen und Zellwände werden von allen Stoffwechselrückständen befreit. Der Heilungsprozess kann beginnen. In meiner Praxis habe ich über Jahre immer wieder erlebt, dass Diabetiker diesen Weg beschritten haben und ihre Krankheit in den Griff bekommen oder sogar überwunden haben.

Umfassende Gesundheitsvorsorge

Das Prinzip Intervallfasten funktioniert aber bei Weitem nicht nur im Krankheitsfall. Es ist zugleich die beste Prävention von Krankheiten aller Art. Natürlich haben wir körpereigene Entgiftungsorgane, allen voran die Leber, die Nieren und den Darm. Sie leisten täglich jede Menge Arbeit und einen immensen Beitrag zu unserer Gesunderhaltung. Das bekommen wir allerdings erst dann mit, wenn etwas nicht mehr so reibungslos funktioniert wie gewohnt, weil unsere Organe überlastet sind. Dann fühlen wir uns plötzlich müde, sind schmerzanfälliger und auch die Infekte haben leichtes Spiel. Unser Immunsystem wird zunehmend schwächer und die Verdauung kann uns Probleme bereiten.
Wer gesund ist, kann sich mit seiner Hilfe diesen Zustand über viele, viele Jahre, auch

Jahrzehnte weiter bewahren.[46–48] Das liegt sicher auch daran, dass durch das Fasten gute Darmbakterien gefördert werden, die nicht nur das Mikrobiom und damit die Barrierefunktion des Darms und das Immunsystem stärken, sondern auch kurzkettige Fettsäuren bilden, die Entzündungen hemmen und ihnen entgegenwirken.[49]

Trinken

Anders als Essen ist Trinken in der 16-stündigen Fastenphase erlaubt. Du solltest sogar unbedingt über den Tag verteilt immer wieder trinken – insgesamt mindestens 2 Liter. Nur so können die Stoffwechselprodukte und teils giftigen Substanzen, die beim Abbau von Fettzellen und durch die Aktivierung der Reparaturinstanzen entstehen, rasch abtransportiert werden.

Der beste Durstlöscher ist reines Wasser – kein Wunder, schließlich besteht auch unser Körper bis zu 70 Prozent genau daraus. Wenn dir das zu langweilig schmeckt, sind ungesüßter Kräutertee und grüner Tee eine gute Alternative, weil sie viele Mineralstoffe und sekundäre Pflanzenstoffe enthalten. Genauso kannst du Wasser mit frischen Kräutern aromatisieren.

Am besten trinkst du den Großteil der täglichen Ration am Vormittag, denn dadurch unterstützt du deinen Körper in der Ausscheidungsphase. Außerdem füllt Wasser den Magen und hilft so, die letzten »Meter« im Fastenmodus zu überstehen. Ein weiteres Plus: Wer vor allem in der zweiten Tageshälfte oder abends trinkt, muss nachts womöglich aufstehen und versagt sich so selbst die erholsame Nachtruhe.

Aber trinke auch vormittags nicht alles auf einmal, sondern lieber immer wieder mal ein Glas voll. Weil der Körper nur eine begrenzte Menge Flüssigkeit aufnehmen kann, scheidet er alles, was er gerade nicht benötigt, gleich wieder aus – und du hast nichts davon. Im Gegenteil: Weil das überflüssige Wasser aus dem Magen erst mal direkt in den Dickdarm weitergespült wird, kann es sogar wichtige Mineralstoffe ausschwemmen.

Mittags mehr Kohlenhydrate, abends mehr Eiweiß

Natürlich sind in den meisten Lebensmitteln alle drei Makromoleküle, also Eiweiße, Kohlenhydrate und Fette, enthalten, allerdings in unterschiedlichen Mengen. Darauf basiert die Berechtigung der Trennkostprinzipien. Für eine Mahlzeit, die hauptsächlich aus Kohlenhydraten besteht, sind andere Verdauungsenzyme notwendig als für ein Essen mit einem hohen Eiweißanteil. Deswegen ist es besser, kohlenhydratintensive Mahlzeiten für das Mittagessen einzuplanen und abends noch stärker als sonst auf gesundes Eiweiß zu setzen.

Was dazukommt: Nachmittags brauchen wir oft noch mal reichlich Glukose, ganz egal ob wir uns in der Arbeit konzentrieren müssen oder mit den Kindern auf dem Spielplatz herumtoben wollen. Um zu verhindern, dass der Zuckerüberschuss direkt in die Fettzellen wandert, hilft bereits ein Minimum an Bewegung: 30 Minuten um den Block spazieren, die nächste Stunde den Aufzug links liegen lassen und Treppen steigen, noch schnell den Einkauf im Drogeriemarkt erledigen … Hauptsache, die Muskeln kommen kurz in

Bewegung, denn dann werden prompt auch die Glukosedepots in ihnen angesteuert und gefüllt.
Abends sind wir in der Regel weniger aktiv, sodass überschüssiger Zucker eher den Weg Richtung Fettzellen einschlägt. Iss deshalb auch besser nicht zu spät. Außerdem wäre dein Körper sonst nachts mehr mit Verdauen beschäftigt als mit Schlafen. Besonders belastend ist auch dann wieder, wenn die letzte Mahlzeit sehr glukoselastig ist. Es könnte durchaus sein, dass du durch den Insulinschub im Schlaf alsbald in ein Blutzuckertief fällst, weil alle Zuckermoleküle schnell verstaut wurden. Um das auszugleichen, muss der Körper seine Glykogenvorräte anzapfen – und dazu ist unter anderem Cortisol notwendig. Der Pegel dieses Stresshormons nimmt eigentlich gegen Abend hin ab und steigt gegen Morgen wieder, damit es uns leichter fällt, aufzustehen und aktiv zu werden. In der Nacht dagegen »herrscht« normalerweise sein Gegenspieler, das Schlafhormon Melatonin. Ich kann mir gut vorstellen, dass dieses an sich gut eingespielte Team durch den Blutzucker auch gehörig durcheinandergewirbelt werden kann. Und dann liegt man eben nachts wach, mit pochendem Herzen, und kann nicht schlafen …
Das ist im Hinblick auf den Blutzucker umso besorgniserregender, weil Schlafmangel den Stress fördert, also noch mehr Cortisol aktiviert. In großen Mengen schwächt dieses die Wirkung von Insulin an den Zellmembranen und kurbelt gleichzeitig die Zuckerrückbildung in der Leber an. Die nächste Blutzuckerspitze droht und dabei hast du noch nicht einmal etwas gegessen. Außerdem macht Schlafmangel Appetit, indem es die Bildung des Sättigungshormons Leptin hemmt. Das macht hungrig.
Am besten setzt du abends auf leichte Gerichte mit viel gesundem Pflanzeneiweiß. Eiweißlastige Speisen haben nämlich eine weitaus geringere Insulinausschüttung zur Folge, wodurch der Körper zum einen besser zur Ruhe kommen kann, zum anderen auch die nächtliche Fettverbrennung eingeleitet wird und er mit den Aufräum- und Ausbesserungsarbeiten beginnen kann.
Du kannst ihn dabei unterstützen, indem du abends noch einen kurzen Verdauungsspaziergang machst. Das hält den Blutzuckerspiegel noch mal weiter unten.

 # 7 Meine Empfehlung für einen harmonischen Blutzuckerspiegel: Gönne deinem Körper immer wieder längere Essenspausen, um seinen eigenen Zellschutz zu aktivieren. Am einfachsten geht das mithilfe des Intervallfastens.

In Bewegung kommen

Bewegung ist zusammen mit vorwiegend veganem Intervallfasten die beste Anti-Aging-Therapie und verschafft dir viele gute und gesunde Lebensjahre.

Ein wichtiges Argument für regelmäßige sportliche Aktivität gleich vorweg: gerade in Kombination mit viel pflanzlicher Kost, nimmt damit die Zahl der Mitochondrien zu und es kann mehr Zucker verbrannt werden. Du kannst mit ihr zudem Glukosespitzen direkt entgegensteuern, etwa wenn doch einmal schnelle Kohlenhydrate auf dem Teller landen. Mach dann zum Beispiel einen Verdauungsspaziergang: Durch die Muskelaktivität brauchen die Mitochondrien mehr Energie zum Verbrennen. Schon eine halbe Stunde bringt viel, weil der Körper auch danach noch eine Weile mehr Energie verbraucht als sonst. Körperliche Aktivität ist aber so viel mehr als »Erste Hilfe« nach dem Essen. Es ist mittlerweile unumstritten, dass sie sich positiv auf so gut wie alle Krankheiten und deren Verlauf auswirkt. Der Grund: Nährstoffe und Sauerstoff gelangen nicht von selbst zu den Zellen, Abfallstoffe nicht selbstständig zu den Entgiftungsorganen. Voraussetzung für diese »innere Bewegung« ist aktive körperliche Bewegung. Erst sie bringt die Regenerationsprozesse im Körper wieder in Gang. Wer sich zu wenig bewegt, lässt seine Zellen also »hungern« und sorgt dafür, dass sich immer mehr Abfallstoffe im Zwischenzellraum ansammeln. Das verursacht Energie- und Antriebslosigkeit, bereitet aber auch vielen zivilisatorischen und chronischen Erkrankungen den Weg, etwa Diabetes. Muskeln erzeugen zudem nicht nur den inneren Stoffwechsel. Als Nebenprodukt von Muskelbewegungen und Kontraktion entstehen außerdem mit den sogenannten Myokinen hormonähnliche Botenstoffe, die ausschlaggebend sind für die Aktivierung von Stoffwechselvorgängen in den Muskeln, der Leber und im Gehirn. Myokine sorgen für die Vermehrung von Blutgefäßen und für Muskelwachstum. Sie erhalten die Struktur und Funktion des Gehirns, kontrollieren die Verteilung von Muskeln und Fett, steuern den Abbau von Fettgewebe und erzeugen ein antientzündliches Milieu im Körper. Kurzum: Der Körper kann nur dann gesund bleiben oder werden, wenn er diese Botenstoffe produziert – und der Motor all dieser Prozesse ist die körperliche Bewegung.

Die Liebscher-Bracht-Übungen

Neben der Ausdauer solltest du unbedingt auch auf regelmäßiges Krafttraining setzen. Insbesondere lege ich dir hier die Liebscher-Bracht-Übungen ans Herz, die ein äußerst effizientes Dehnungs- und Krafttraining beinhalten. Sie helfen nicht nur, systematisch muskulär-fasziale Engpässe zu beseitigen und so Schmerzen vorzubeugen, zu lindern oder sogar zu überwinden. Sie sorgen gleichzeitig auch dafür, dass deine Myokine geradezu sprudeln und damit deinen Stoffwechsel deutlich aktivieren. Wir gehen davon aus, dass beim Krafttraining im gedehnten Zustand der Muskeln noch viel mehr passiert als beim »normalen« Üben, weil durch ausgesuchte Gelenkwinkel gezielt die Gewebe aller Körperregionen durchflutet werden können. Das wiederum scheint bislang kaum genutzte stoffwechselerhöhende Mechanismen anzukurbeln.

 # 8 Meine Empfehlung für einen harmonischen Blutzuckerspiegel: Komm in Bewegung! Wer regelmäßig aktiv wird, am besten jeden Tag und mit unseren Übungen, kann seinen Blutzuckerwert dauerhaft nach unten drücken.

Auf einen Blick

Regelmäßige körperliche Bewegung wirkt auf viele verschiedene Weisen, denn sie …

- befördert den Zucker direkt in die Mitochondrien, wo er verbrannt wird.
- sorgt für die Ausschüttung von Myokinen, die verschiedene Stoffwechselvorgänge aktivieren, den Abbau von Fettgewebe vorantreiben und Entzündungen stoppen. Das gilt in besonderem Maße für die Liebscher-Bracht-Übungen.
- lässt die Konzentration von Serotonin im Blut ansteigen. Das »Glückshormon« unterstützt die Insulinausschüttung nach kohlenydratreichen Mahlzeiten und hilft so, Glukosespitzen zu vermeiden.[50]
- hinterlässt positive Spuren im Erbgut. Regelmäßiges Training modifiziert viele Gene. Das könnte erklären, warum sportliche Aktivität Veranlagungen für bestimmte Krankheiten minimieren kann.
- stärkt das Immunsystem, weil dein Organismus dabei vermehrt Botenstoffe ausschüttet, die im Zusammenspiel mit bestimmten Hormonen Abwehrzellen mobilisieren können.
- senkt nachweislich nicht nur den Blutzuckerspiegel, sondern auch den Blutdruck.
- baut Stress ab und erhöht die Zufriedenheit in allen Lebensbereichen.

 # 9 Fazit

Je mehr meiner Empfehlungen du in deinen Alltag integrieren kannst, desto stärker wird sich das auf deinen Blutzuckerwert auswirken. Du wirst voller Energie und frischem Schwung sein. Du wirst entspannt schlafen und dich tagsüber ausgeglichen und fit fühlen. Deine Haut wird schöner, dein Hormonhaushalt wird ins Gleichgewicht kommen und dein Immunsystem Krankheitserregern viel besser standhalten. Und ganz nebenbei nimmst du auch noch das eine oder andere unerwünschte Kilo ab. Dein Blutzucker bestimmt eben viel mehr, als du denkst.

Rezepte

Bist du neugierig geworden, wie sich dieses Wissen in den Küchenalltag transportieren lässt? Dann freu dich auf 60 Rezepte, die zeigen, wie unkompliziert die blutzuckergesunde vegane Ernährung ist und wie unglaublich gut sie schmeckt.

START
IN DEN TAG

Frühstück

Wenn du abends früh genug ins Intervallfasten startest, kannst du den Tag mit einem gesunden Frühstück beginnen. Statt Marmeladentoast, Schokocroissant, Wurstbrötchen, Fertigmüsli und anderen Cerealien, die den Blutzucker direkt nach oben schießen lassen, setzt du besser auf pflanzliche und naturbelassene Lebensmittel. Plane dir genügend Zeit zum Essen ein und genieße es bewusst und langsam. Kaue dabei ausreichend, damit erleichterst du deinem Magen-Darm-Trakt die Verdauung. Wenn du morgens keinen Hunger hast, lässt du das Frühstück eben einfach aus. Starte dann zum Beispiel mit einer Runde Sport in den Tag, das schenkt ebenfalls viel Energie und obendrauf das gute Gefühl, etwas für dich getan zu haben. Um deinen Magen-Darm-Trakt nicht zu überfordern, wenn du erst mittags mit dem Essen beginnen willst, starte mit der pinken Smoothiebowl von Seite 69 oder einem Salat oder einer Suppe (Rezepte ab Seite 135) und hänge nach einer kurzen Pause direkt das Mittagessen an.

Veganes Tofu-»Rührei«

Für 2 Personen • 20 Min. Zubereitung

200 g Tofu
2 TL Rapsöl
½ Bund Schnittlauch
5 Kirschtomaten
3 Radieschen
4 braune Champignons
2 EL Mandel Cuisine (pflanzliche Sahnealternative; ungesüßt)
1 gestr. TL Kurkuma
2 Prisen Kala Namak (ind. Schwefelsalz)
Salz | Pfeffer
2 Scheiben Roggensauerteig- oder Vollkornbrot (oder das Nuss-Saaten-Brot von S. 71)

1. Den Tofu in ein Küchentuch einschlagen und das Wasser sorgfältig herausdrücken. Den trockenen Tofu danach mit einer Gabel zerkrümeln.

2. Das Öl in einer Pfanne erhitzen und die Tofubrösel darin rundherum anbraten, bis sie Röstaromen entwickeln und goldbraun aussehen.

3. Inzwischen Schnittlauch, Kirschtomaten und Radieschen waschen und abtropfen lassen. Die Champignons mit einem Küchentuch von Erdresten befreien und falls nötig den Stielansatz abschneiden. Den Schnittlauch in feine Röllchen schneiden, die Tomaten, die Radieschen und die Pilze in dünne Scheiben schneiden.

4. Sobald der Tofu goldbraun ist, die Tomaten sowie die Pilze zugeben und 1 weitere Min. braten. Mandel Cuisine mit Kurkuma und Kala Namak verrühren und mit in die Pfanne geben. 30 Sek. unter Rühren weiterbraten, bis die Flüssigkeit eingekocht ist, dann die Pfanne vom Herd ziehen. Schnittlauch und Radieschenscheiben unterheben und mit Salz und Pfeffer abschmecken.

5. Die Brotscheiben auf zwei Teller legen, den Tofu darauf verteilen und servieren.

Nährwerte pro Portion

- ca. 310 kcal
- 15 g Eiweiß
- 14 g Fett
- 24 Kohlenhydrate
- 3 g Ballaststoffe

MITTAGS
GENAUSO GUT

Tofu-»Hüttenkäse« mit Kräutern

Für 2 Personen • 10 Min. Zubereitung

100 g fester Tofu
2 EL Soja-Joghurt-alternative (ungesüßt)
2 Stiele Petersilie
½ Bund Schnittlauch
1 EL Apfelessig
1 TL Zitronensaft
2 TL Würzhefeflocken
1–2 TL Senf
Salz | Pfeffer

1. Den Tofu mit den Fingern nicht zu fein zerkrümeln und mit der Soja-Joghurtalternative verrühren.

2. Petersilie und Schnittlauch waschen, trocken schütteln und fein hacken beziehungsweise in Röllchen schneiden. Apfelessig, Zitronensaft, Hefeflocken, Kräuter und Senf zum Tofu geben. Den »Hüttenkäse« anschließend mit Salz und Pfeffer abschmecken.

Nährwerte pro Portion

- ca. 85 kcal
- 9 g Eiweiß
- 4 g Fett
- 3 g Kohlenhydrate
- 2 g Ballaststoffe

Tipp:

Den »Hüttenkäse« im Kühlschrank über Nacht ziehen lassen, am nächsten Tag schmeckt er noch besser – nach Belieben etwas nachwürzen.

Pinke Smoothiebowl

Für 2 Personen • 10 Min. Zubereitung

1 reife Avocado
3 Stiele Minze
2 TL Zitronensaft
200 g TK-Beeren-Mix
30 g Haferflocken
10 g Haferkleie
20 g Hanfsamen
2 TL Nussmus (ungesüßt)
400 ml Kokoswasser (ungesüßt)
Minze und frische Beeren (nach Belieben)

Nährwerte pro Portion

- ca. 370 kcal
- 10 g Eiweiß
- 25 g Fett
- 25 g Kohlenhydrate
- 12 g Ballaststoffe

1. Die Avocado halbieren, den Kern entfernen und das Fruchtfleisch aus der Schale lösen. Die Minze waschen, trocken schütteln und die Blätter von den Stielen zupfen. Beides mit den gefrorenen Beeren in einen leistungsstarken Mixer geben. Die Beeren darin ca. 5 Minuten antauen lassen.

2. Die übrigen Zutaten bis auf die Minze und die frischen Beeren in den Mixer zugeben, alles cremig pürieren und in zwei Gläser gießen. Nach Belieben mit Minze und Beeren garnieren und sofort servieren.

Kichererbsenomelett

Für 2 Personen • 30 Min. Zubereitung

80 g Kichererbsenmehl | 2 TL Flohsamenschalen | 1 TL gem. Kreuzkümmel | Salz | Pfeffer | 1 Mini-Romanasalat | 6 Radieschen | 100 g bunte Paprika | 30 g frische Sprossen (z. B. Radieschen) | 2 EL Tahin (Sesampaste) | 2 EL Zitronensaft | 1 EL Olivenöl | ½ Beet Kresse

Nährwerte pro Portion

- ca. 360 kcal
- 15 g Eiweiß
- 18 g Fett
- 32 g Kohlenhydrate
- 11 g Ballaststoffe

1. Kichererbsenmehl, Flohsamenschalen und 250 ml Wasser in einer kleinen Schüssel glatt rühren. Mit Kreuzkümmel, Salz und Pfeffer würzen und ca. 10 Min. quellen lassen.

2. Salat waschen, putzen, trocken schütteln und mundgerecht zerpflücken. Radieschen und Paprika waschen und putzen. Radieschen in dünne Scheiben, Paprika in feine Streifen schneiden. Sprossen abbrausen und abtropfen lassen. Alles vermischen.

3. Für das Dressing Tahin mit Zitronensaft und 4 EL lauwarmem Wasser glatt rühren, salzen und pfeffern. Die Hälfte davon mit der Salatmischung vermengen.

4. Öl in einer kleinen beschichteten Pfanne (Ø 18 cm) erhitzen. Aus dem Teig bei mittlerer bis starker Hitze in ca. 5 Min. nacheinander zwei Omeletts backen, zwischendurch wenden.

5. Omeletts auf Teller legen, mit dem übrigen Dressing beträufeln und den Salat darauf verteilen. Kresse aufstreuen.

Nussiges Saatenbrot

Für 1 Kastenform (ca. 32 cm lang; 30 Scheiben)
15 Min. Zubereitung • 1 Tag Ruhen • 55 Min. Backen

120 g Haselnusskerne
120 g Sonnenblumenkerne
70 g Leinsamen
150 g kernige Haferflocken
30 g heller Sesam
3 EL Olivenöl
4 EL gem. Flohsamenschalen
1 TL Salz
30 g Buchweizen

Nährwerte pro Scheibe

- ca. 100 kcal
- 3 g Eiweißiweiß
- 7 g Fett
- 5 g Kohlenhydrate
- 2 g Ballaststoffe

1. Am Vortag alle Zutaten mit 340 ml Wasser in einer Rührschüssel sehr gut mischen. Die Brotmasse dann mit den Händen kompakt in die Schüssel drücken und abgedeckt 6–24 Std. ruhen lassen.

2. Am nächsten Tag den Backofen auf 190° vorheizen. Die Form mit Backpapier auslegen. Den Teig in die Form füllen und mit angefeuchteten Händen fest hineindrücken, sodass keine Luftlöcher entstehen. Das Brot im Ofen (Mitte) ca. 25 Min. backen. Dann herausnehmen, auf ein Backblech stürzen und ohne Form weitere 30 Min. backen (Mitte).

3. Das fertig gebackene Brot aus dem Ofen holen und auf einem Kuchengitter vollständig abkühlen lassen, erst dann mit einem scharfen Messer in Scheiben schneiden.

Würziger Hummus

Für 6 Portionen • 10 Min. Zubereitung

1 Dose Kichererbsen (240 g Abtropfgewicht)
2 EL Tahin (Sesampaste)
1 Bio-Zitrone
2 Knoblauchzehen
8 Eiswürfel
4 EL Olivenöl
Salz
2 TL Zatar (arab. Gewürzmischung)

1. Die Kichererbsen in einem Sieb abbrausen und abtropfen lassen. Mit dem Tahin in einen hohen Rührbecher geben. Die Zitrone heiß waschen, abtrocknen und 1 TL Schale fein abreiben. Danach die Zitrone halbieren und den Saft auspressen. Den Knoblauch schälen und grob hacken.

2. Zitronenschale, 4 EL Zitronensaft, Knoblauch und Eiswürfel zu den Kichererbsen geben und alles mit dem Pürierstab cremig mixen. Mit Öl, Salz und Zatar glatt rühren. Falls die Masse zu fest ist, noch 20–40 ml Wasser unterrühren.

3. Zum Servieren den Hummus mit Salz und dem übrigen Zitronensaft abschmecken. In ein sauberes Schraubglas füllen. Er ist im Kühlschrank ca. 3 Tage haltbar und passt zu Gemüserohkost oder dem Nuss-Saaten-Brot von Seite 71.

Nährwerte pro Portion

- ca. 140 kcal
- 3 g Eiweiß
- 9 g Fett
- 9 g Kohlenhydrate
- 3 g Ballaststoffe

Edamame-Brokkoli-Aufstrich

Für 4 Portionen • 20 Min. Zubereitung

1 Zwiebel | 4 Knoblauchzehen | 1 Handvoll Rucola | ½ Bio-Zitrone | 1 ½ TL dunkles Miso | 2 TL Reisessig | 3 EL Olivenöl | 1 TL gelbe Currypaste (ersatzweise Currypulver) | 200 g TK-Edamame (ersatzweise TK-Erbsen) | 100 g TK-Brokkoli

Nährwerte pro Portion

- ca. 180 kcal
- 5 g Eiweiß
- 10 g Fett
- 18 g Kohlenhydrate
- 1 g Ballaststoffe

1. Zwiebel und Knoblauch schälen und würfeln. Rucola waschen, trocken schütteln und hacken. Zitrone heiß waschen, abtrocknen, die Schale abreiben, den Saft auspressen.

2. Zitronensaft und -schale, Miso, Reisessig und 2 EL Olivenöl in einer Schale glatt verrühren und beiseitestellen.

3. Restliches Öl in einer Pfanne erhitzen und die Zwiebel darin leicht anbraten. Knoblauch zugeben und kurz mit anschwitzen. Currypaste unterrühren und 2 Min. mitbraten. TK-Gemüse dazugeben und so lange anbraten, bis das austretende Wasser vollständig verdampft ist. 2 EL Wasser wieder dazugeben und das Gemüse zugedeckt bei mittlerer Hitze ca. 10 Min. dünsten. Auskühlen lassen.

4. Gemüse, Rucola und Marinade im Standmixer fein pürieren. In einem sauberen Schraubglas ist der Aufstrich im Kühlschrank dann ca. 3 Tage haltbar.

Italo-Schnitte

Für 2 Personen • 20 Min. Zubereitung

120 g TK-Erbsen | 20 g Cashewkerne | 70 g Rucola | 4 Stiele Basilikum | 2 Tomaten | 2 dünne Scheiben Vollkornbrot (z. B. Saatenbrot von S. 71) | 100 g vegane Frischkäsealternative | 2 TL Zitronensaft | 1 EL Olivenöl | Salz | Pfeffer

Nährwerte pro Portion

- ca. 330 kcal
- 13 g Eiweiß
- 14 g Fett
- 36 g Kohlenhydrate
- 8 g Ballaststoffe

1. TK-Erbsen und Cashewkerne in einer Schüssel mit kochendem Wasser übergießen und ca. 5 Min. ziehen lassen.

2. Inzwischen Rucola und Basilikum waschen und trocken schütteln. Vom Rucola grobe Stiele entfernen, beim Basilikum die Blätter von den Stielen zupfen. Ein paar zum Garnieren beiseitelegen, den Rest grob schneiden. Die Tomaten waschen, trocken reiben und in Scheiben schneiden. Die Brote nach Belieben toasten.

3. Erbsen und Cashewkerne abgießen und gut abtropfen lassen. Mit etwa der Hälfte des Rucolas, dem Basilikum, der Frischkäsealternative, dem Zitronensaft und Olivenöl in einen leistungsstarken Mixer geben und fein pürieren. Mit Salz, Pfeffer und evtl. noch etwas mehr Zitronensaft abschmecken.

4. Die Brote mit dem Pesto bestreichen, mit dem übrigen Rucola und den Tomatenscheiben belegen und mit Basilikumblättern garnieren.

Avocadobrot

Für 2 Personen • 15 Min. Zubereitung

½ Bio-Zitrone
1 reife Avocado
Salz | Pfeffer
200 g Räuchertofu
2 dünne Scheiben Vollkornbrot (z. B. Saatenbrot von S. 71)
½ Bund Schnittlauch
¼ TL geräuchertes Paprikapulver
½ Salatgurke

Nährwerte pro Portion

- ca. 340 kcal
- 20 g Eiweiß
- 21 g Fett
- 18 g Kohlenhydrate
- 8 g Ballaststoffe

1. Die Zitrone heiß waschen, die Schale fein abreiben, dann den Saft auspressen. Die Avocado halbieren, den Kern entfernen, das Fruchtfleisch aus der Schale lösen und in eine Schale geben. Mit 1–2 TL Zitronensaft beträufeln und mit einer Gabel zerdrücken. Mit Salz und Pfeffer abschmecken.

2. Den Tofu in Scheiben schneiden. Das Brot nach Belieben toasten. Den Schnittlauch waschen, trocken schütteln und in schmale Röllchen schneiden.

3. Die Brote erst mit Avocado bestreichen, dann mit Tofu belegen und mit Paprikapulver bestäuben. Mit Schnittlauch und Zitronenabrieb bestreuen.

4. Die Gurke putzen, waschen und in Scheiben schneiden. Zum Avocadobrot servieren.

Warmer Möhren-Porridge

Für 2 Personen • 10 Min. Zubereitung

1 kleine Möhre (ca. 50 g)
1 kleiner Apfel (ca. 90 g)
5 g Ingwer
80 g zarte Haferflocken
300 ml Soja- oder Mandeldrink (ungesüßt)
Salz
geriebene Muskatnuss
½ TL Zimt
2 TL Yacon- oder Reissirup
100 g pflanzliche Joghurtalternative (ungesüßt)
1 Msp. gem. Vanille
1 EL Walnusskerne

1. Möhre und Apfel abwaschen, abtropfen lassen und die Möhre fein raspeln. Vom Apfel 6 dünne Spalten abschneiden und für die Deko zur Seite legen. Den übrigen Apfel fein würfeln (dabei das Kerngehäuse entfernen). Den Ingwer schälen und fein reiben.

2. Die Haferflocken mit 100 ml Wasser, Soja- bzw. Mandeldrink, je 1 Prise Salz und Muskatnuss, Zimt und Yacon- bzw. Reissirup in einen kleinen Topf geben, umrühren, aufkochen und dann zugedeckt 3 Min. auf mittlerer Hitze köcheln, bis ein cremiger Brei entsteht. Vom Herd ziehen, Möhrenraspel und Apfelwürfel unter den Brei heben und zugedeckt zur Seite stellen.

3. Joghurt und Vanillepulver mischen. Die Walnusskerne grob hacken.

4. Porridge auf zwei Schüsseln verteilen und mit den zurückbehaltenen Apfelspalten sowie dem Vanillejoghurt und den Nüssen garnieren.

Nährwerte pro Portion

- ca. 315 kcal
- 14 g Eiweiß
- 11 g Fett
- 35 g Kohlenhydrate
- 7 g Ballaststoffe

CARROTCAKE
ZUM LÖFFELN

GESUNDE
CARBS

Mittagessen

Um genug Kraft und Energie für die zweite Hälfte des Tages zu haben, empfiehlt es sich, mittags genug Kohlenhydrate zu essen. Aber nicht in Form von Schnitzelbrötchen, Pizza, Fast Food und Co., sondern ballaststoffreich mit viel Gemüse und schmackhaften Vollkornprodukten. Starte gerne mit einem Salat oder einem Teller Suppe ab Seite 135. So »fütterst« du deine Darmbakterien mit einer Extraportion Ballaststoffen und drückst die Geschwindigkeit, mit der die Glukose ins Blut gelangt, noch einmal herab. Mein Tipp: Die meisten der folgenden Rezepte lassen sich gut vorbereiten, sodass du sie am nächsten Tag ins Büro mitnehmen kannst oder sie nur noch einmal kurz aufzuwärmen brauchst. Bei frischen Salaten füllst du das Dressing einfach in ein extra Schraubglas und gibst es erst kurz vor dem Essen zu den restlichen Zutaten. So bleibt alles schön knackig.

Ratatouille mit Süßkartoffelstampf

Für 2 Personen • 45 Min. Zubereitung

300 g Süßkartoffeln
2 Schalotten
1 ½ EL Olivenöl
150 ml Gemüsebrühe
400 g grüner Spargel
je 1 kleine gelbe und rote Paprika
150 g Zuckerschoten
3 Frühlingszwiebeln
1 Knoblauchzehe
6 Stiele Thymian
1 Dose Kirschtomaten (400 g)
1 ½ EL Weißweinessig
Salz | Pfeffer
4 Stiele Petersilie
2 Stiele Basilikum

1. Süßkartoffeln schälen und würfeln. 1 Schalotte schälen, fein schneiden und in einem Topf mit ½ EL Öl bei mittlerer Hitze glasig dünsten. Süßkartoffeln dazugeben und ca. 5 Min. mitdünsten. 50 ml Gemüsebrühe zugießen und die Kartoffeln zugedeckt ca. 20 Min. bei mittlerer Hitze köcheln lassen.

2. Spargel waschen, Enden abschneiden, Stangen schräg dritteln. Paprika halbieren, putzen, waschen und in ca. 2 cm große Stücke schneiden. Zuckerschoten waschen und je nach Größe schräg halbieren. Frühlingszwiebeln waschen, putzen und schräg in 3–4 cm breite Stücke schneiden. Übrige Schalotte und Knoblauch schälen und würfeln. Thymian abbrausen, trocken schütteln und die Blätter abstreifen.

3. In einer großen Pfanne das restliche Öl erhitzen. Schalotte, Knoblauch, Spargel und Paprika bei mittlerer Hitze 3–4 Min. darin anbraten. Zuckerschoten und Frühlingszwiebeln hinzufügen und kurz mitbraten. Kirschtomaten und übrige Brühe einrühren. Mit Essig, Thymian, Salz und Pfeffer würzen. Bei mittlerer Hitze ca. 10 Min. köcheln lassen, ab und zu rühren.

4. Süßkartoffeln vom Herd nehmen und zerstampfen. Mit Salz und Pfeffer abschmecken und zugedeckt warm halten.

5. Petersilie und Basilikum abbrausen, trocken schütteln und grob hacken. Ratatouille mit Süßkartoffelstampf auf zwei Teller verteilen. Mit den Kräutern bestreuen.

Nährwerte pro Portion

- ca. 380 kcal
- 13 g Eiweiß
- 10 g Fett
- 57 g Kohlenhydrate
- 15 g Ballaststoffe

KLASSIKER
MIT FRÜHLINGS-
GEMÜSE

Knusper-Wedges mit Dip

Für 2 Personen • 30 Min. Zubereitung

500 g Süßkartoffeln | 1 ½ EL Olivenöl | Salz | Cayennepfeffer | je 1 TL Kreuzkümmel und edelsüßes Paprikapulver | ½ TL Thymian | 1 ½ EL Sojasauce | 75 g TK-Erbsen (angetaut) | ½ reife Avocado |1,5 cm Ingwer | 1 Knoblauchzehe | 5 Minzeblätter | 1 EL Limettensaft

Nährwerte pro Portion

- ca. 530 kcal
- 10 g Eiweiß
- 23 g Fett
- 69 g Kohlenhydrate
- 14 g Ballaststoffe

1. Den Backofen auf 220° vorheizen. Die Süßkartoffeln schälen und jede längs in 6–8 Spalten schneiden. Die Spalten auf ein Backblech geben und mit Olivenöl, Salz, ½ TL Cayennepfeffer, Kreuzkümmel, Paprikapulver, Thymian und Sojasauce vermengen. Die Süßkartoffeln im Ofen ca. 20 Min. knusprig backen, dabei zwischendurch ein- bis zweimal wenden.

2. Inzwischen die Erbsen in einen hohen Rührbecher geben. Avocado halbieren und entsteinen, das Fruchtfleisch mit einem Löffel aus der Schale lösen und zu den Erbsen geben. Ingwer und Knoblauch schälen, fein hacken und hinzufügen.

3. Die Minzeblätter waschen, trocken tupfen und zusammen mit Limettensaft und 1 EL Wasser mit in den Rührbecher geben. Die Mischung nicht zu fein pürieren. Das Mus mit Salz und Cayennepfeffer abschmecken. Die Wedges aus dem Ofen nehmen und mit dem Mus anrichten.

One-Pot-Pasta aus dem Ofen

Für 2 Personen • 10 Min. Zubereitung • 35 Min. Backen

1 Knoblauchzehe | 250 g Kirschtomaten | 6 Stiele Basilikum | 4 EL Olivenöl | 150 g Spaghetti | 150 g vegane Feta-Alternative | 100 g Oliven (entsteint) | je 1 EL getr. Basilikum und Oregano | Salz | Pfeffer | 1 EL Pflanzencreme

Nährwerte pro Portion

- ca. 810 kcal
- 13 g Eiweiß
- 53 g Fett
- 68 g Kohlenhydrate
- 6 Ballaststoffe

1. Den Backofen auf 200° vorheizen. Den Knoblauch schälen und fein hacken. Kirschtomaten waschen und halbieren. Basilikum abbrausen, trocken schütteln, die Blätter abzupfen.

2. Eine Auflaufform (ca. 20 x 27 cm) mit 1 TL Öl auspinseln und die Spaghetti darin verteilen. Tomaten daraufgeben. Den Feta in die Mitte legen. Knoblauch, Basilikum, Oliven und getrocknete Kräuter darüberstreuen. Alles mit dem restlichen Öl beträufeln, salzen und pfeffern.

3. So viel Wasser dazugießen, dass die Spaghetti vollständig davon bedeckt sind. Die Form in den heißen Ofen (Mitte) geben und die Nudeln 30–35 Min. garen. Sollten sie das Wasser vor Ende der Backzeit aufgesogen haben, etwas Wasser nachfüllen.

4. Pasta mit Pflanzencreme verrühren und mit Salz und Pfeffer abschmecken. Auf zwei Teller verteilen und sofort servieren.

Veganes »Lachs-Sandwich«

Für 2 Personen • 20 Min. Zubereitung • 6–8 Std. Ziehen

2 Möhren
1 EL Zitronensaft
Salz
¼ TL Pfeffer
½ TL Yacon- oder Reissirup
½ TL Noriflocken (nach Belieben)
¾ TL Flüssigrauch (nach Belieben)
1 kleine saure Gurke (siehe Tipp)
½ TL Kapern
1–2 Stiele Dill
50 g vegane Mayonnaise
2 Salatblätter
2 Mehrkorn- oder Roggenbrötchen

1. Die Möhren schälen, waschen und in lange sehr feine Streifen hobeln oder schneiden. In einem Topf knapp mit Wasser bedecken und aufkochen. Dann den Topf vom Herd ziehen und die Möhrenstreifen 10–15 Min. zugedeckt im heißen Wasser ziehen lassen, bis sie bissfest sind. Anschließend abgießen und ausdampfen lassen.

2. Zitronensaft, Salz, Pfeffer, Sirup, Noriflocken und Flüssigrauch nach Belieben verrühren und die Marinade über die Möhren gießen. Den Topf zudecken und 6–8 Std. oder über Nacht im Kühlschrank ziehen lassen.

3. Für die Remoulade die saure Gurke fein würfeln, die Kapern hacken, den Dill waschen, trocken schütteln und fein hacken. Alles unter die Mayonnaise heben.

4. Den Salat waschen und trocknen. Die Remoulade auf 2 halbierte Brötchen verteilen, den Möhrenlachs auf die jeweils untere Seite legen. Auf jedes Brötchen ein Salatblatt legen und zuklappen.

Nährwerte pro Portion

- ca. 180 kcal
- 3 g Eiweiß
- 13 g Fett
- 13 g Kohlenhydrate
- 7 g Ballaststoffe

Tipp

Im Supermarkt erhältliche Essig- und Gewürzgurken sind meist nicht fermentiert, sondern einfach in Essig eingelegt. Nur »Saure Gurken« oder »Salzgurken« sind tatsächlich milchsauer vergoren.

IDEAL
ZUM MITNEHMEN

Grüne Kurkuma-Bowl

Für 2 Personen • 30 Min. Zubereitung

150 g Hirse | 5 g Ingwer | 1 TL gekörnte Gemüsebrühe | ½ TL Kurkuma | Pfeffer | 1 kleine Zucchini | 1 kleiner Brokkoli | Salz | 150 g TK-Erbsen (aufgetaut) | 3 Frühlingszwiebeln | 1 kleines Romanasalatherz | ½ Salatgurke | 2 TL Rapsöl | 100 g Kichererbsen (aus der Dose) | 1 TL scharfes Paprikapulver | 2 EL Sojasauce | ¼ Bund Petersilie | ¼ reife Avocado | ½ kleine Knoblauchzehe | 20 g geröstete Walnusskerne | ½ EL Zitronensaft | ½ TL Yacon- oder Reissirup

Nährwerte pro Portion

- ca. 660 kcal
- 26 g Eiweiß
- 23 g Fett
- 82 g Kohlenhydrate
- 16 g Ballaststoffe

1. Hirse in einem Sieb heiß abbrausen. Ingwer schälen und fein würfeln. Hirse, Ingwer, Brühe, Kurkuma, 2 Msp. Pfeffer und 300 ml Wasser in einem Topf aufkochen und zugedeckt ca. 10 Min. bei niedriger Temperatur quellen lassen. Vom Herd ziehen und ausdämpfen lassen.

2. Gemüse waschen und putzen. Zucchini in dünne, lange Streifen schneiden (Kerngehäuse aussparen), diese leicht salzen und zum Ziehen zur Seite stellen. Brokkoli in Röschen teilen. Den Strunk schälen und in dünne Scheiben schneiden. Brokkoli in kochendem Salzwasser zugedeckt 3–4 Min. bissfest garen. In der letzten Minute die Erbsen zugeben. Abgießen, abschrecken und abtropfen lassen.

3. Salat in Streifen schneiden. Gurke vierteln, Kerngehäuse entfernen, den Rest in ca. 1 cm breite Stücke schneiden. Frühlingszwiebeln fein schneiden, grüne Teile beiseitestellen.

4. Öl in einer Pfanne erhitzen. Weiße Frühlingszwiebeln und Kichererbsen darin goldbraun anrösten. Paprikapulver und Sojasauce zugeben und die Flüssigkeit verkochen lassen.

5. Petersilie waschen und grob hacken. Das Fruchtfleisch aus der Avocado lösen. Knoblauch schälen und würfeln. Alles drei mit den Nüssen, dem Zitronensaft, dem Sirup sowie 2 ½ EL Wasser im Blitzhacker pürieren.

6. Hirse, Gemüse, grüne Frühlingszwiebelringe, Kichererbsen und Salat auf zwei Schüsseln verteilen. Mit Dressing toppen.

EXTRA:
SPROSSENTOPPING

Linguine mit Blumenkohl-Carbonara

Für 2 Personen • 40 Min. Zubereitung

½ Bio-Zitrone
75 g Cashewkerne
grobes Salz
1 EL Hefeflocken
150 g Vollkorn-Linguine
250 g Blumenkohl
1 Bund Basilikum
1–2 Frühlingszwiebeln
5 getr. Tomaten
(in Öl, mit 1 EL Einlegeöl)
2 Knoblauchzehen
¼ TL Chilipulver
½ TL edelsüßes
Paprikapulver
Pfeffer

Nährwerte pro Portion

- 610 kcal
- 23 g Eiweiß
- 24 g Fett
- 71 g Kohlenhydrate
- 12 g Ballaststoffe

1. Zitrone heiß waschen, abtrocknen und 1 TL Schale fein abreiben. 25 g Cashewkerne im Standmixer mit ½ TL Salz, Hefeflocken und Zitronenschale ca. 5 Sek. mixen, dann beiseitestellen. Nudeln nach Packungsanweisung in reichlich Salzwasser al dente kochen. In einem Sieb abtropfen lassen, dabei 150 ml Kochwasser abnehmen.

2. Blumenkohl waschen, putzen und in ca. 1 cm große Röschen schneiden. Basilikum waschen, trocken schütteln, Blätter abzupfen und grob hacken. Frühlingszwiebeln putzen, waschen und schräg in dünne Ringe schneiden. Tomaten abtropfen lassen und in kleine Stücke schneiden. Knoblauch schälen und in feine Scheiben schneiden.

3. Das Tomateneinlegeöl in einer großen Pfanne erhitzen und den Blumenkohl darin bei mittlerer Hitze ca. 8 Min. goldbraun anbraten. Die Hälfte der Frühlingszwiebeln mit getrockneten Tomaten, Knoblauch, Chili- und Paprikapulver dazugeben, alles gut mischen und noch 5–8 Min. braten. Übrige Cashewkerne mit 30 ml Wasser und 150 ml Nudelkochwasser im Standmixer ca. 20 Sek. mixen und alles zum Blumenkohl-Mix gießen. Herdplatte ausschalten, die Nudeln dazugeben und 1–2 EL Cashew-Zitronen-Mix untermischen.

4. Pasta salzen und pfeffern, auf zwei Teller verteilen und mit den übrigen Frühlingszwiebeln und Basilikum bestreuen. Restlichen Cashew-Zitronen-Mix dazu reichen.

KALZIUM-
UND EIWEISSBOMBE

Spargel-Kohlrabi-Quiche

Für 1 Springform (ca. 32 cm Ø; 4 Stück)
30 Min. Zubereitung • 55 Min. Backen

Öl für die Form
1 EL Chiasamen
220 g rote Linsen
50 g Buchweizenmehl
1 TL Currypulver
Salz
70 g Margarine
200 g Möhren
1 Kohlrabi
10 Stangen grüner Spargel
400 g Seidentofu
2 EL Speisestärke aus Mais
4 EL Hefeflocken
Pfeffer
frisch geriebene Muskatnuss
1 TL gekörnte Gemüsebrühe
1 Bund Kerbel

1. Den Backofen auf 180° vorheizen. Die Form einfetten. Die Chiasamen in 30 ml Wasser einweichen.

2. Währenddessen die Linsen im Hochleistungsmixer fein mahlen und in einer Rührschüssel mit Buchweizenmehl, Currypulver und 1 TL Salz mischen. Die weiche Margarine hinzufügen, 30 ml Wasser und gequollene Chiasamen dazugeben und alles mit den Knethaken des Handrührgeräts oder den Händen homogen verkneten. Die Form mit dem Teig auskleiden, einen 2–3 cm hohen Rand formen. Den Boden im Ofen (Mitte) ca. 10 Min. vorbacken. Herausnehmen und auf einem Kuchengitter beiseitestellen.

3. Möhren schälen, längs halbieren und in ca. 5 mm dicke Scheiben schneiden. Kohlrabi schälen und ca. 5 mm groß würfeln. Spargel putzen, waschen, unten schälen und schräg in ca. 2 cm lange Stücke schneiden.

4. Seitentofu in einem Sieb etwas abtropfen lassen, mit Stärke, Hefeflocken, Salz, Pfeffer, 1 Prise Muskatnuss und Brühe mischen. Kerbel waschen, trocken schütteln, die Blätter abzupfen und fein hacken, unter die Seidentofumasse mischen.

5. Die Hälfte der Tofumasse auf dem Boden verteilen. Die Hälfte des Gemüses darauflegen und leicht andrücken. Mit dem Rest ebenso verfahren. Die Form leicht rütteln, damit sich alles gut verteilt. Die Quiche im Ofen (Mitte) ca. 45 Min. backen. Vor dem Servieren kurz abkühlen lassen.

Nährwerte pro Portion

- ca. 515 kcal
- 25 g Eiweiß
- 20 g Fett
- 57 g Kohlenhydrate
- 13 g Ballaststoffe

SCHMECKT
WARM UND KALT

Kartoffelcurry mit Erbsen

Für 2 Personen • 40 Min. Zubereitung

200 g TK-Erbsen | Salz | ½ kleine Zwiebel | 1 Knoblauchzehe | 5 g Ingwer | 200 g Tomaten | ¼ Bund Koriander | 1 EL Rapsöl | ½ EL Tomatenmark | ½ TL Kurkuma | 1 TL gem. Kreuzkümmel | ½ EL gem. Koriander | ½ TL Chiliflocken | 200 g Kokosmilch (ungesüßt) | 200 g Pellkartoffeln (vorgegart) | 1 TL Garam Masala | Pfeffer

Nährwerte pro Portion

- ca. 500 kcal
- 14 g Eiweiß
- 30 g Fett
- 40 g Kohlenhydrate
- 7 g Ballaststoffe

1. Erbsen in wenig Salzwasser in 3–4 Min. garen, abgießen und beiseitestellen. Zwiebel, Knoblauch und Ingwer schälen und klein würfeln. Tomaten überbrühen, häuten, vierteln, entkernen und klein schneiden. Frischen Koriander abbrausen, trocken schütteln und hacken.

2. Öl erhitzen. Zwiebelwürfel darin glasig andünsten, Knoblauch und Ingwer zugeben und 1–2 Min. mitdünsten. Tomatenmark einrühren und bei größerer Hitze leicht anrösten. Tomaten unterrühren. Mit Salz, Kurkuma, Kreuzkümmel, Koriander und Chiliflocken würzen. Alles sämig einköcheln lassen. Dann die Kokosmilch unterrühren und erhitzen.

3. Vorgegarte Kartoffeln schälen und in Stücke schneiden. Mit den Erbsen in die Kokossauce geben und darin wieder erhitzen. Mit Garam Masala, Salz und Pfeffer abschmecken und mit frischem Koriander bestreuen.

Pure-Aroma-Pasta

Für 2 Personen • 15 Min. Zubereitung

150 g Spaghetti | Salz | 1 Handvoll getr. Tomaten | ½ getr. Shiitake-Pilz | 300 g weiße Bohnen (aus der Dose) | 2 EL Hefeflocken | 2 TL geräuchertes Paprikapulver | Saft von ½ Zitrone | 1 Zwiebel | 2 Knoblauchzehen | ½ EL Olivenöl | ½ EL dunkles Miso | 4 Stiele Petersilie

Nährwerte pro Portion

- ca. 470 kcal
- 22 g Eiweiß
- 7 g Fett
- 78 g Kohlenhydrate
- 9 g Ballaststoffe

1. Nudeln nach Packungsanweisung in reichlich kochendem Salzwasser bissfest kochen.

2. Getrocknete Tomaten in einer Schüssel mit heißem Wasser bedecken. Shiitake fein reiben. Bohnen samt Flüssigkeit, Hefeflocken, Paprikapulver, Shiitake, Zitronensaft und die eingeweichten Tomaten samt Flüssigkeit in einer Schüssel vermengen und mit einer Gabel zerdrücken.

3. Zwiebel schälen und würfeln. Knoblauch schälen und fein reiben. Olivenöl in einer Pfanne erhitzen und die Zwiebel darin glasig braten, Knoblauch und Miso dazugeben und 1 Min. mitrösten. Bohnenmischung und 1 Schöpfkelle Nudelkochwasser dazugeben und aufkochen.

4. Fertige Pasta in ein Sieb abgießen, zur Bohnensauce geben und 3–4 Min. darin ziehen lassen. Inzwischen die Petersilie abbrausen und trocken schütteln, Blätter abzupfen und fein hacken. Pasta auf zwei Teller verteilen und mit Petersilie bestreuen.

Kichererbsencurry

Für 2 Personen • 25 Min. Zubereitung

1 kleine Zwiebel | 1 Knoblauchzehe | 1 Möhre | 1 kleine Zucchini | 1 rote Spitzpaprika | 1 EL Olivenöl | 1–2 TL Currypulver | 2 EL Nussmus (ungesüßt) | 180 g Kokosmilch (ungesüßt) | 260 g Kichererbsen (aus der Dose) | Salz | Pfeffer | 1 TL Zitronensaft | ½ Bund Koriander | 20 g geröstete Erdnusskerne

Nährwerte pro Portion

- ca. 475 kcal
- 18 g Eiweiß
- 30 g Fett
- 32 g Kohlenhydrate
- 10 g Ballaststoffe

1. Zwiebel und Knoblauch schälen und fein würfeln. Möhre und Zucchinin putzen, schälen und längs halbieren. Möhre dann in dünne Scheiben, Zucchini in ca. 2 cm große Würfel schneiden. Paprika putzen, waschen und würfeln.

2. Olivenöl in einem Topf erhitzen. Zwiebel darin andünsten. Knoblauch und übriges Gemüse zugeben und alles unter Wenden weitere 2–3 Minuten dünsten. Mit Currypulver bestäuben, kurz anschwitzen. Nussmus zugeben, Kokosmilch und 150 ml Wasser einrühren. Alles aufkochen und zugedeckt 5–6 Min. köcheln lassen.

3. Kichererbsen abgießen, kalt abspülen, gut abtropfen lassen, zum Curry geben und alles weitere ca. 5 Min. köcheln lassen. Mit Salz, Pfeffer und Zitronensaft abschmecken. Koriander waschen, trocken schütteln und samt feiner Stiele grob hacken. Das Curry mit Erdnusskernen und Koriander bestreuen und servieren.

Schwarze-Bohnen-Burger

Für 2 Personen • 25 Min. Zubereitung • 30 Min. Warten

265 g schwarze Bohnen (aus der Dose) | 1 Bund Petersilie | 1 rote Zwiebel | 30 g Haferflocken | 20 g Leinsamen | 2 TL Senf | 2 TL geräuchertes Paprikapulver | Salz | Pfeffer | 2 EL Olivenöl | 2 Vollkornbrötchen | 1 Mini-Römersalatherz | 2 Salzgurken | 1 Tomat | 2 EL Nussmus (ungesüßt) | 2 EL pflanzliche Joghurtalternative

Nährwerte pro Portion

- ca. 430 kcal
- 17 g Eiweiß
- 22 g Fett
- 36 g Kohlenhydrate
- 15 g Ballaststoffe

1. Bohnen abgießen, abspülen und gut abtropfen lassen. Petersilie waschen, trocken schütteln, Blätter abzupfen und hacken. Zwiebel schälen und fein würfeln. Haferflocken und Leinsamen im Blitzhacker fein mahlen. Bohnen mit Petersilie, Zwiebel, Haferflocken-Leinsamen-Mehl, Senf, Paprikapulver, Salz und Pfeffer in eine Schüssel geben und mit den Händen kräftig verkneten. Masse ca. 30 Min. quellen lassen.

2. Aus der Bohnenmasse 2 flache Burger-Patties formen. Öl in einer beschichteten Pfanne erhitzen. Burger darin pro Seite 4–5 Min. knusprig braten.

3. Brötchen aufschneiden und toasten. Salat waschen und trocken schleudern. Gurken längs in Scheiben schneiden. Tomate waschen, in Scheiben schneiden. Nussmus mit Joghurtalternative und 1–2 TL Gurkenflüssigkeit glatt rühren, salzen und pfeffern. Die Hälfte davon auf die Brötchenunterteile streichen. Salat darauf verteilen, je 1 Patty darauflegen. Gurken und Tomaten daraufverteilen, übrige Sauce darauf klecksen, Brötchenoberteile aufsetzen und sofort servieren.

Kartoffel-Bohnen-Salat

Für 2 Personen • 30 Min. Zubereitung • mind. 4 Std. Warten

500 g Kartoffeln (festkochend)
1 kleine Zwiebel
2 EL Olivenöl
1 TL mittelscharfer Senf
100 ml Gemüsebrühe
2–3 EL Weißweinessig
Salz | Pfeffer
1 Bund Schnittlauch
¼ Radicchio (ca. 200 g)
1 Dose Kidneybohnen (260 g Abtropfgewicht)
25 g Walnusskerne
15 g Kürbiskerne

1. Kartoffeln unter fließendem Wasser gut abbürsten. In einen Topf mit Wasser geben, aufkochen und zugedeckt ca. 20 Min. garen.

2. Inzwischen Zwiebel schälen und fein würfeln. Öl in einer Pfanne erhitzen, Zwiebel darin unter Wenden andünsten. Senf und Brühe einrühren, aufkochen, alles 1–2 Min. köcheln lassen, dann vom Herd nehmen. Essig unterrühren und das Dressing mit Salz und Pfeffer kräftig abschmecken.

3. Kartoffeln abgießen, pellen und in Scheiben schneiden. Mit dem Dressing in eine Schüssel geben und vorsichtig durchmischen. Den Salat mind. 4 Std. durchziehen lassen.

4. Kurz vor dem Servieren Schnittlauch waschen, trocken schütteln und in Röllchen schneiden. Radicchio putzen, waschen, trocken schleudern und in Streifen schneiden. Kidneybohnen in einem Sieb abbrausen und abtropfen lassen.

5. Walnusskerne grob hacken und zusammen mit den Kürbiskernen in einer Pfanne ohne Fett rösten, bis sie duften.

6. Schnittlauch, Bohnen und Radicchio zum Salat geben und vorsichtig untermischen. Eventuell noch mal mit Salz und Pfeffer abschmecken. Mit der Nuss-Kerne-Mischung bestreuen und servieren.

Nährwerte pro Portion

- ca. 565 kcal
- 19 g Eiweiß
- 24 g Fett
- 61 g Kohlenhydrate
- 16 g Ballaststoffe

TOLLER
PARTYSALAT

Linsenpasta mit veganer Bolognese

Für 2 Personen • 25 Min. Zubereitung

1 kleine Zwiebel
1 Knoblauchzehe
1 Stange Lauch
1 große Möhre
2 Stangen Staudensellerie
je 2 Stiele Oregano, Thymian und Rosmarin
200 g fester Tofu
1 EL Olivenöl
1 EL Tomatenmark
400 g geschälte Tomaten (aus der Dose)
1 EL Bio-Sojasauce
Salz | Pfeffer
150 g Hülsenfruchtnudeln (z. B. Rote-Linsen-Spirelli)
50 g Walnusskerne
3 Stiele Basilikum

1. Zwiebel und Knoblauch schälen und fein würfeln. Lauch putzen, waschen, längs halbieren und in schmale Scheiben schneiden. Möhre putzen, schälen, längs halbieren und klein würfeln. Sellerie putzen, waschen und in schmale Stücke schneiden. Kräuter waschen, trocken schütteln, Blätter bzw. Nadeln von den Stielen zupfen und fein hacken.

2. Tofu zwischen zwei Lagen Küchenpapier gut ausdrücken, sodass er möglichst trocken wird, und dann mit den Händen zerbröseln. Öl in einer weiten Pfanne erhitzen. Tofu darin unter Wenden goldbraun anbraten. Zwiebel, Knoblauch und Gemüse zugeben und alles unter Wenden weitere ca. 5 Min. anbraten. Tomatenmark und Kräuter einrühren. Tomaten, Sojasauce und 100 ml Wasser angießen. Alles aufkochen, mit Salz und Pfeffer würzen und ca. 10 Min. köcheln lassen. Dabei ab und zu umrühren.

3. Inzwischen die Nudeln in Salzwasser nach Packungsanweisung garen. Walnusskerne grob hacken und in einer Pfanne ohne Fett rösten, bis sie duften. In die Sauce rühren und diese dann mit Salz und Pfeffer abschmecken.

4. Basilikum waschen, trocken schütteln, die Blätter abzupfen und in Streifen schneiden. Nudeln abgießen, mit der Bolognese anrichten und mit Basilikum bestreut servieren.

Nährwerte pro Portion

- ca. 710 kcal
- 46 g Eiweiß
- 34 g Fett
- 56 g Kohlenhydrate
- 14 g Ballaststoffe

SCHMECKT
AUCH MIT
VOLLKORNNUDELN

Reisbratlinge mit Pak Choi

Für 2 Personen • 50 Min. Zubereitung

75 g Vollkorn-Basmatireis
Salz
2 mittlere Pak Choi
2 EL Sprossen (z. B. Erbsen)
1 Knoblauchzehe
5 g Ingwer
1 kleine rote Chilischote
50 ml Sojasauce
1 EL Yacon- oder Reissirup
abgeriebene Schale und Saft von 1 Bio-Limette
4 EL geröstete Erdnusskerne (ungesalzen)
1 Frühlingszwiebel
15 g Kokosmehl (ersatzweise Kichererbsenmehl)
¼ TL Johannisbrotkernmehl
3 EL Soja- oder Mandeldrink (ungesüßt)
1 ½ TL Kokosöl

Nährwerte pro Portion

- ca. 450 kcal
- 17 g Eiweiß
- 22 g Fett
- 42 g Kohlenhydrate
- 10 g Ballaststoffe

1. Reis mit kaltem Wasser waschen, abtropfen lassen, mit 500 ml Wasser und ½ TL Salz aufkochen, dann auf niedrigster Stufe abgedeckt ca. 40 Min. weich köcheln lassen.

2. Während der Reis kocht, Pak Choi und Sprossen waschen und abtropfen lassen. Knoblauch und Ingwer schälen und fein würfeln. Chili waschen, entkernen und fein würfeln. Pak Choi längs halbieren. Den Wurzelansatz knapp abschneiden, sodass die Köpfe noch zusammenhalten.

3. Sojasauce, Knoblauch, Chili, Ingwer, Sirup, Limettensaft und -schale mischen und zur Seite stellen. Erdnüsse in einer Pfanne ohne Fett rundherum anrösten, danach grob hacken.

4. Wenn der Reis gar ist, den Backofen auf 100° vorheizen. Frühlingszwiebel waschen, abtrocknen und in Ringe schneiden. Mit Reis, Kokos-, Johannisbrotkernmehl und Soja- bzw. Mandeldrink mischen. Salzen. Mit angefeuchteten Händen 4 Bratlinge formen. In einer Pfanne in 1 TL Kokosöl von beiden Seiten 3–4 Min. goldbraun braten. Im Ofen warm halten.

5. Restliches Kokosöl in einer weiteren Pfanne erhitzen. Pak-Choi-Hälften bei mittlerer Hitze ca. 2 Min. auf der Schnittfläche darin anbraten. Mit Soja-Limetten-Sauce ablöschen und abgedeckt ca. 10 Min. auf kleiner Flamme dünsten.

6. Pak Choi mit dem Sud auf zwei Teller verteilen und je 2 Reisbratlinge daraufsetzen. Mit gerösteten Erdnüssen bestreuen, die Sprossen dazugeben und servieren.

FEINE
GÄSTEKÜCHE

Vietnamesische Sommerrollen

Für 2 Personen • 30 Min. Zubereitung

½ Knoblauchzehe | Saft von 1 Limette | 1 ½ EL Erdnussmus (ungesüßt) | 1 TL Yacon- oder Reissirup | 1 EL Sojasauce | ¼ Salatgurke | 75 g Rotkohl | ½ Möhre | 50 g Vollkorn-Vermicelli | 5 g Ingwer | 1 TL Rotweinessig | 100 g Räuchertofu | 1 EL Speisestärke | ½ EL Rapsöl | 1 Knolle junger Knoblauch | 2 Frühlingszwiebeln | 1 Handvoll gemischte Kräuter (z. B. Thai-Basilikum, Koriander, Minze; abgezupfte Blätter) | ½ Pck. Reispapierblätter

Nährwerte pro Portion

- ca. 640 kcal
- 25 g Eiweiß
- 13 g Fett
- 104 g Kohlenhydrate
- 6 g Ballaststoffe

1. Für die Sauce den Knoblauch schälen und fein reiben. Mit Erdnussmus, der Hälfte des Limettensafts, ½ TL Sirup und ½ EL Sojasauce in einer Schüssel verrühren.

2. Gurke und Rotkohl putzen und waschen. Möhre putzen und schälen. Alles in lange dünne (Julienne-)Streifen schneiden. Vermicelli nach Packungsanweisung garen, in ein Sieb abgießen und abtropfen lassen.

3. Ingwer schälen und fein reiben. Mit restlichem Limettensaft, Sirup, übriger Sojasauce sowie Essig verrühren. Die Hälfte der Marinade mit dem Gemüse, die andere Hälfte mit den Nudeln mischen.

4. Tofu in Streifen schneiden und in Stärke wenden. In heißem Öl von allen Seiten knusprig braten.

5. Knoblauch und Frühlingszwiebeln schälen bzw. putzen und waschen und in dünne Streifen schneiden. Kräuter waschen und trocken tupfen.

6. Reispapierblätter nacheinander je 15–20 Sek. in einem mit Wasser gefüllten flachen Teller einweichen. Jeweils ein wenig von allen Zutaten daraufgeben. Den unteren Rand des Blattes nach oben über die Füllung klappen, dann die Seitenränder nach innen klappen und das Reispapier von unten nach oben so fest wie möglich aufrollen.

SALAT
MAL ANDERS

Asia-Nudelsalat mit Tofu

Für 2 Personen • 40 Min. Zubereitung

80 g Emmervollkornspaghetti | Salz | 200 g Möhren | 200 g Zucchini | 1 kleine rote Paprika | 150 g Spitzkohl | 1 kleine rote Zwiebel | 1 Knoblauchzehe | 3 Stiele Minze | 2 EL Apfelessig | 2 EL Sojasauce | je 2 TL geröstetes und helles Sesamöl | 2 EL geröstete Erdnusskerne (ungesalzen) | 250 g Tofu

Nährwerte pro Portion

- ca. 560 kcal
- 33 g Eiweiß
- 24 g Fett
- 68 g Kohlenhydrate
- 13 g Ballaststoffe

1. Spaghetti nach Packungsangabe in Salzwasser bissfest garen. Dann abgießen, abschrecken und abtropfen lassen.

2. Möhren schälen, Zucchini, Paprika und Spitzkohl waschen und putzen. Alles in feine Streifen schneiden. Zwiebel schälen, halbieren und ebenfalls dünn aufschneiden.

3. Für das Dressing Knoblauch schälen und fein würfeln, Minze abbrausen, abzupfen und bis auf ein paar Blätter fein hacken. Knoblauch, Minze, Apfelessig, 2 EL Wasser, Sojasauce und geröstetes Sesamöl verrühren. Nudeln und Gemüse in der Marinade wenden und ziehen lassen.

4. Erdnüsse grob hacken. Tofu trocken tupfen, erst in Scheiben schneiden und diese dann schräg halbieren. In einer beschichteten Pfanne im hellen Öl auf jeder Seite ca. 2 Min. braten. Erdnüsse dazugeben und kurz mitbraten, salzen.

5. Nudelsalat auf zwei Teller verteilen, Tofu daraufgeben und mit Erdnüssen und der restlichen Minze bestreuen.

Kerniger Kürbisauflauf

Für 2 Personen • 20 Min. Zubereitung • 20 Min. Backen

80 g Buchweizen
350 g Hokkaido-Kürbis
2 Knoblauchzehen
1 EL Olivenöl
120 g Kirschtomaten
60 g veganer Parmesanersatz (ersatzweise 2 EL Hefeflocken)
Salz | Pfeffer
1 Bund Petersilie
3 EL Zitronensaft

1. Buchweizen mit 160 ml Wasser in einem Topf aufkochen und dann bei sehr kleiner Hitze zugedeckt ca. 18 Min. garen.

2. Kürbis waschen und entkernen, dann in ca. 5 mm große Würfel schneiden. Knoblauch schälen und in feine Scheiben schneiden. Öl in einer großen Pfanne erhitzen und die Kürbiswürfel darin bei mittlerer bis großer Hitze ca. 12 Min. anbraten. Knoblauch unterrühren.

3. Den Backofen auf 180° vorheizen. Die Tomaten waschen, den Parmesanersatz fein reiben. Gegarten Buchweizen zum Kürbis in die Pfanne geben, salzen und pfeffern. Die Buchweizen-Kürbis-Masse in eine Auflaufform füllen, Tomaten darauf verteilen und mit dem geriebenen »Parmesan« bestreuen. Den Auflauf im Ofen (Mitte) ca. 20 Min. backen.

4. Die Petersilie waschen, trocken schütteln und grob hacken. Den Auflauf aus dem Ofen nehmen, mit Zitronensaft beträufeln, mit Petersilie bestreuen und servieren.

Nährwerte pro Portion

- ca. 380 kcal
- 8 g Eiweiß
- 13 g Fett
- 62 g Kohlenhydrate
- 3 g Ballaststoffe

Grünkohl-Cashew-Korma

Für 2 Personen • 25 Min. Zubereitung • 3 Std. Einweichen

60 g Cashewkerne
250 g Grünkohl
150 g Basmatireis
Salz
2–3 Kardamomkapseln
1 EL natives Leinöl
1 Zwiebel
1 Knoblauchzehe
5 g Ingwer
1 EL Olivenöl
1 TL ind. Kormagewürz (ersatzweise mildes ind. Currypulver)
½ TL gekörnte Gemüsebrühe
2 EL Kokosraspel
½ TL Schwarzkümmel

1. 45 g Cashewkerne mit der doppelten Menge Wasser bedecken und ca. 3 Std. einweichen lassen. Inzwischen den Grünkohl waschen und putzen, die Blätter von den harten Stielen zupfen. In kochendem Wasser ca. 2 Min. blanchieren. Abgießen (dabei 800 ml Kochwasser auffangen), abschrecken und abtropfen lassen. Überschüssiges Wasser ausdrücken und den Kohl nicht zu fein hacken.

2. Reis gründlich abbrausen. Mit der 1,5-fachen Menge Wasser, ¼ TL Salz und den Kardamomkapseln aufkochen. Zugedeckt bei niedriger Hitze 15–20 Min. quellen lassen. Dann Kardamom entfernen und Leinöl unterheben.

3. Zwiebel und Knoblauch schälen und in dünne Scheiben schneiden. Ingwer schälen und fein würfeln. Restliche Cashewkerne ohne Öl in einer Pfanne anrösten, herausnehmen. Olivenöl in der Pfanne erhitzen. Zwiebel darin unter Rühren glasig anschwitzen. Knoblauch und Ingwer dazugeben, 1 Min. mit anschwitzen. Pfanne vom Herd ziehen, Kormagewürz und Grünkohl unterrühren.

4. Eingeweichte Cashews abgießen und mit Kohlkochwasser, Brühe und Kokosraspeln sehr fein pürieren. Zum Kohl geben und unter Rühren aufkochen. Zugedeckt bei milder Hitze ca. 5 Min. köcheln lassen. Evtl. etwas mehr Wasser zufügen.

5. Geröstete Cashewkerne grob hacken. Den Reis auf zwei Teller verteilen, das Korma darübergeben und mit gehackten Cashews und Schwarzkümmel bestreuen.

Nährwerte pro Portion

- ca. 820 kcal
- 18 g Eiweiß
- 50 g Fett
- 79 g Kohlenhydrate
- 5 g Ballaststoffe

AROMEN-
FEUERWERK

PROTEINE
AUS PFLANZEN

Abendessen

Abends liegt der Fokus auf Eiweiß, denn das lockt weniger Insulin und unterstützt damit die Fettverbrennung in der Nacht. Außerdem braucht der Körper für die nächtlichen Reparaturarbeiten und Regenerationsprozesse neues »Baumaterial«. Spätestens um 20 Uhr, besser noch früher, solltest du dann in die Fastenphase starten. So bleibt vor dem Schlafengehen noch genug Zeit für die Verdauung. Wenn der Magen leer ist, produziert dein Körper zudem mehr vom Schlafhormon Melatonin, das zu erholsamer Nachtruhe verhilft. Gleichzeitig werden körpereigene Anti-Aging-Enzyme (Sirtuine) aktiv, die dich gesund und jung halten. So kannst du am nächsten Morgen erfrischt in den neuen Tag starten …

Bunter Rohkostteller

Für 2 Personen • 20 Min. Zubereitung

100 g TK-Erbsen | 200 g pflanzliche Quark- oder Skyralternative | 1 EL Zitronensaft | Salz | Pfeffer | 4 Stiele Petersilie | 3 Stiele Basilikum | 2 Möhren | 1 Stange Staudensellerie | 1 Mini-Salatgurke | 1 rote Paprika | 8 Radieschen | 4 Blätter Radicchio

Nährwerte pro Portion

- ca. 190 kcal
- 13 g Eiweiß
- 4 g Fett
- 18 g Kohlenhydrate
- 10 g Ballaststoffe

1. Erbsen mit kochendem Wasser übergießen, ca. 5 Min. ziehen lassen, dann abgießen und abtropfen lassen.

2. Quark- oder Skyralternative, Erbsen, Zitronensaft und 2–3 EL Wasser in einem hohen Rührgefäß mit dem Schneidstab zu einem cremigen Dip pürieren. Mit Salz und Pfeffer abschmecken. Petersilie und Basilikum abbrausen und trocken schütteln, die Blätter abzupfen, hacken und unter die Erbsencreme rühren. Dip in Schälchen verteilen.

3. Gemüse je nach Sorte waschen und putzen oder schälen. Möhren, Sellerie, Gurke und Paprika in dicke Stifte schneiden. Bei den Radieschen einen kleinen grünen Stiel stehen lassen. Radicchio waschen, trocken schütteln und längs halbieren.

4. Das Gemüse dekorativ auf Teller verteilen und mit dem Erbsendip servieren.

Grünkohlsalat mit Kürbis

Für 2 Personen • 50 Min. Zubereitung

200 g Grünkohlblätter (möglichst zart)
½ Zitrone | Salz
½ kleiner Hokkaido-Kürbis
½ Knoblauchzehe
1 ½ EL Olivenöl
Chiliflocken | Pfeffer
½ Granatapfel
½ Orange
1 ½ EL Tahin (Sesampaste)
25 g Pekannusskerne

Nährwerte pro Portion

- ca. 530 kcal
- 10 g Eiweiß
- 36 g Fett
- 48 g Kohlenhydrate
- 3 g Ballaststoffe

1. Den Ofen auf 180° vorheizen, ein Blech mit Backpapier auslegen. Grünkohl waschen, putzen, Blätter in mundgerechten Stücken von den Stängeln zupfen. Zitrone auspressen. Grünkohlblätter mit Salz und 1 EL Zitronensaft weicher kneten und dann ca. 30 Min. ziehen lassen.

2. Kürbis waschen, vierteln, entkernen und in ca. 0,5 cm dünne Spalten schneiden. Knoblauch schälen, durchpressen, mit Öl, 1 Prise Chiliflocken und Kürbis mischen. Auf dem Blech verteilen, salzen und pfeffern. Den Kürbis im Ofen (Mitte) 25–30 Min. garen.

3. Granatapfel halbieren und die Kerne herauslösen. Orange auspressen. Saft mit dem übrigen Zitronensaft, Tahin und 2–3 EL Wasser verrühren. Die Sauce mit Salz, Pfeffer und 1 Prise Chiliflocken würzen und mit dem Grünkohl mischen.

4. Pekannusskerne nach Belieben grob hacken. Den Salat auf Teller verteilen, gebackene Kürbisspalten daraufgeben, mit den Granatapfel- und Pekannusskernen bestreuen.

Dämpfgemüse mit pikanter Sauce

Für 2 Personen • 40 Min. Zubereitung

250 g grüner Spargel
300 g Brokkoli
1 junger Kohlrabi
4 Frühlingszwiebeln
200 g Mini-Pak-Choi
Salz | Pfeffer
300 g kleine gegarte Kartoffeln (vorgegart)
je 30 g Mandeln und Pistazien (ungesalzen)
100 g gegrillte Spitzpaprika (aus dem Glas)
1 Knoblauchzehe
2 EL Olivenöl
1 EL Rotweinessig
abgeriebene Schale und Saft von ½ Bio-Zitrone
½ TL geräuchertes Paprikapulver
¼ TL Chiliflocken

Nährwerte pro Portion

- ca. 430 kcal
- 16 g Eiweiß
- 19 g Fett
- 42 g Kohlenhydrate
- 13 g Ballaststoffe

1. Spargel waschen und habieren (holzige Enden abschneiden). Brokkoli waschen, putzen und in Röschen teilen. Kohlrabi schälen, halbieren und in ca. 1 cm breite Spalten schneiden. Frühlingszwiebeln waschen, putzen und in ca. 4 cm lange Stücke schneiden. Pak Choi waschen und je nach Größe längs halbieren (Strunk knapp abschneiden).

2. In einem Topf ca. 2 cm hoch Salzwasser einfüllen und zum Kochen bringen. Spargel, Brokkoli, Kohlrabi und Frühlingszwiebeln auf dem dazu passenden Siebeinsatz verteilen. Pak Choi obendrauf legen. Das Gemüse leicht salzen und pfeffern, den Dämpfeinsatz in den Topf stellen (er soll das Wasser nicht berühren!) und mit dem Deckel verschließen. Das Gemüse 25–30 Min. bissfest dämpfen. Vorgegarte Kartoffeln schälen und in den letzten Minuten zum Erwärmen zum Gemüse geben.

3. Für die Sauce Mandeln und Pistazien in einer Pfanne ohne Fett bei mittlerer Hitze rösten. Abkühlen lassen und hacken. Gegrillte Paprika abtropfen lassen. Knoblauch schälen und grob hacken. Beides mit dem Nuss-Mix, Olivenöl, Essig, Zitronenschale und 2 TL Saft im Blitzhacker grob pürieren. Mit ½ TL Salz, Paprikapulver und Chiliflocken abschmecken. In Schälchen füllen.

4. Gedämpftes Gemüse auf zwei Teller verteilen und mit etwas Dämpfsud beträufeln. Kartoffeln und Sauce dazu reichen.

Kichererbseneintopf mit Mangold

Für 2 Personen • 25 Min. Zubereitung

200 g Rächertofu
250 g Mangold
1 kleine rote Zwiebel
1 Knoblauchzehe
1 Dose Kichererbsen
(250 g Abtropfgewicht)
1 EL Olivenöl
600 ml Gemüsebrühe
100 g Kirschtomaten
Salz | Pfeffer

1. Räuchertofu trocken tupfen und in knapp 1 cm große Würfel schneiden. Mangold waschen, putzen, die Blätter von den Stielen schneiden und beiseitelegen, die Stiele in kleine Würfel schneiden. Zwiebel und Knoblauch schälen und fein würfeln. Kichererbsen in ein Sieb abgießen, kurz abbrausen und gut abtropfen lassen.

2. Olivenöl in einem Topf erhitzen. Tofu darin ca. 2 Min. unter Rühren braten. Zwiebel, Knoblauch und Mangoldstiele dazugeben und ca. 1 Min. mitbraten. Kichererbsen hinzufügen und alles mit Brühe aufgießen. Aufkochen und bei mittlerer Hitze zugedeckt ca. 5 Min. köcheln lassen.

3. Inzwischen Kirschtomaten waschen, evtl. halbieren. Das Mangoldgrün grob hacken. Beides zusammen unter den Eintopf rühren und bei milder Hitze ca. 2 Min. köcheln lassen. Mit Salz und Pfeffer würzen. Eintopf auf zwei tiefe Teller oder Schalen verteilen und servieren.

Nährwerte pro Portion

- ca. 390 kcal
- 28 g Eiweiß
- 15 g Fett
- 28 g Kohlenhydrate
- 11 g Ballaststoffe

GEBALLTE
EIWEISSPOWER

Algen-Tofu-Salat

Für 2 Personen • 30 Min. Zubereitung • 1 Std. Marinieren

200 g Tofu | 1 kleine Knoblauchzehe | 10 g Ingwer | 2 EL Sojasauce | 20 g Sesam (ungeschält) | 150 g frische Wakame-Algen | 2 EL heller Reisessig | 1 EL Limettensaft | 1 TL Yacon- oder Reissirup | Pfeffer | je 2 TL geröstetes und helles Sesamöl

Nährwerte pro Portion

- ca. 330 kcal
- 24 g Eiweiß
- 20 g Fett
- 9 g Kohlenhydrate
- 3 g Ballaststoffe

1. Den Tofu trocken tupfen und in ca. 1 x 4 cm große Stücke schneiden. Knoblauch und Ingwer schälen, fein hacken und mit der Sojasauce verrühren. Tofu in der Marinade wenden und ca. 1 Std. marinieren.

2. Sesam ohne Fett bei mittlerer Hitze ca. 3 Min. hellbraun anrösten. Abkühlen lassen. Algen in einem Sieb gründlich waschen und gut abtropfen lassen.

3. Für die Sauce Reisessig, Limettensaft, Sirup und Pfeffer verrühren, dann geröstetes Sesamöl untermischen. Algen und Sesam bis auf 2 TL dazugeben und untermischen. Im Kühlschrank abgedeckt ca. 30 Min. durchziehen lassen.

4. Tofu aus der Marinade nehmen und trocken tupfen. In einer beschichteten Pfanne im hellen Sesamöl bei mittlerer bis starker Hitze von beiden Seiten 5–6 Min. hellbraun braten.

5. Den Algensalat mit dem Tofu auf Tellern oder flachen Schalen anrichten und mit Sesam bestreut servieren.

Rohkostcarpaccio

Für 2 Personen • 30 Min. Zubereitung

1 Möhre | 150 g Zucchini | 4 Radieschen | 150 g Champignons | 2 EL Weißweinessig | Salz | Pfeffer | 2 EL Olivenöl | 30 g gemischte Kerne (z. B. Sonnenblumen-, Kürbis- und Pinienkerne) | 1 Tomate | 4 Stiele Basilikum | 200 g pflanzliche Skyralternative (ungesüßt)

Nährwerte pro Portion

- ca. 310 kcal
- 13 g Eiweiß
- 22 g Fett
- 11 g Kohlenhydrate
- 6 g Ballaststoffe

1. Möhre schälen, Zucchini und Radieschen waschen und putzen, Champignons abreiben. Alles mit der Rohkostreibe in möglichst feine Scheiben hobeln.

2. In einer großen Schüssel Essig, 2 EL Wasser, Salz, Pfeffer und Olivenöl zu einer cremigen Sauce verrühren. Gemüsescheiben unterheben und ca. 15 Min. ziehen lassen.

3. Inzwischen Kerne in einer Pfanne ohne Fett bei mittlerer Hitze 2–3 Min. rösten. Abkühlen lassen.

4. Tomate waschen, vierteln, entkernen und in kleine Würfel schneiden. Basilikum abbrausen. Blätter abzupfen und bis auf ein paar zum Garnieren in feine Streifen schneiden. Mit den Tomatenwürfeln mischen.

5. Gemüsescheiben samt Marinade auf zwei Teller verteilen. Tomaten-Basilikum-Mischung darübergeben, Skyralternative mit einem Löffel daraufsetzen. Mit Kernen bestreuen und mit den restlichen Basilikumblättern garnieren.

Blumenkohl-Taboulé

Für 2 Personen • 25 Min. Zubereitung

250 g Blumenkohl
1 Bund Petersilie
1 Knoblauchzehe
2 EL Weißweinessig
½ TL gem. Kreuzkümmel
2 EL Olivenöl
Salz | Pfeffer
2 EL Pinienkerne
2 Tomaten
1 gelbe Paprika
¼ Salatgurke
1 TL Zitronensaft
½ Beet Kresse

Nährwerte pro Portion

- ca. 250 kcal
- 8 g Eiweiß
- 17 g Fett
- 14 g Kohlenhydrate
- 10 g Ballaststoffe

1. Blumenkohl putzen, in Röschen teilen, waschen und gut abtropfen lassen. Petersilie waschen und trocken schütteln, Blätter abzupfen. Knoblauch schälen. Alles portionsweise im Blitzhacker fein zerkleinern und in eine Schüssel füllen.

2. Für das Dressing Essig, Kreuzkümmel und Olivenöl gut verquirlen, dann salzen und pfeffern. Gründlich unter den Blumenkohl-Kräuter-Mix mischen.

3. Pinienkerne ohne Fett bei mittlerer Hitze leicht anrösten. Tomaten waschen, halbieren und Stielansätze sowie Kerne entfernen. Paprika waschen und putzen. Gurke waschen. Gemüse klein würfeln, unter den Blumenkohl-Mix ziehen und etwas durchziehen lassen.

4. Taboulé vor dem Servieren mit Salz, Pfeffer und Zitronensaft abschmecken. Kresse abschneiden und aufstreuen.

Edamame-Gemüse-Eintopf

Für 2 Personen • 30 Min. Zubereitung

200 g Brokkoli
1 Kohlrabi
150 g Baby-Pak-Choi
2 Frühlingszwiebeln
1 EL Olivenöl
500 ml Gemüsebrühe
Salz | Pfeffer
150 g TK-Edamamekerne
200 g Soja Cuisine (pflanzliche Sahnealternative; ungesüßt)
100 g Räuchertofu
1 EL Zitronensaft

Nährwerte pro Portion

- ca. 480 kcal
- 23 g Eiweiß
- 27 g Fett
- 36 g Kohlenhydrate
- 8 g Ballaststoffe

1. Brokkoli putzen, waschen und in Röschen teilen. Die Stiele schälen und klein würfeln. Kohlrabi schälen und ca. 2 cm groß würfeln. Pak Choi putzen und waschen. Strunk feinstreifig, Blätter grob schneiden. Frühlingszwiebeln putzen. Weiße und hellgrüne Teile getrennt in feine Ringe schneiden.

2. Öl in einem Topf erhitzen. Weiße Frühlingszwiebeln, Brokkoli, Kohlrabi und Pak-Choi-Stiele darin bei mittlerer Hitze 2–3 Min. anbraten. Brühe dazugießen, salzen und pfeffern. Zugedeckt bei mittlerer Hitze ca. 8 Min. kochen lassen. Edamamekerne und Sahnealternative dazugeben und alles 4–5 Min. fertig garen.

3. Tofu trocken tupfen und in 1–2 cm große Würfel schneiden. Mit den Pak-Choi-Blättern in den Eintopf geben und darin bei kleiner Hitze 2–3 Min. erhitzen.

4. Eintopf mit Zitronensaft, Salz und Pfeffer abschmecken. In tiefen Tellern anrichten und mit den grünen Frühlingszwiebelringen bestreuen.

Warmer Röstgemüsesalat mit Quinoa

Für 2 Personen • 30 Min. Zubereitung • 1 Std. Garen

500 g gemischtes Wurzelgemüse (z. B. Möhren, Petersilienwurzeln, Pastinaken)
1 rote Zwiebel
1 TL gem. Kreuzkümmel
1 TL Fenchelsamen
1 Knoblauchzehe
½ TL Chiliflocken
Salz | 4 EL Olivenöl
1 EL helle Sojasauce
50 ml Gemüsebrühe
2 EL Zitronensaft
85 g Quinoa | Pfeffer
25 g Walnusskerne
1 TL Kakaonibs (mind. 70 % Kakao)
je 2 Stiele Basilikum und Minze

Nährwerte pro Portion

- ca. 560 kcal
- 10 g Eiweiß
- 33 g Fett
- 33 g Kohlenhydrate
- 6 g Ballaststoffe

1. Backofen auf 175° vorheizen. Wurzelgemüse putzen und nur bei Bedarf schälen, waschen und je nach Größe längs halbieren oder vierteln. Zwiebel schälen, in breite Spalten schneiden. Alles auf ein Backblech geben. Kreuzkümmel und Fenchelsamen im Mörser grob zerstoßen. Knoblauch schälen und fein hacken.

2. Gemörserte Gewürze, Knoblauch, Chiliflocken, etwas Salz, 2 EL Öl, Sojasauce, 25 ml Brühe und Zitronensaft verrühren. Mit dem Gemüse mischen. Das Gemüse im Ofen (Mitte) ca. 1 Std. backen, bis es gar ist (eventuell die Backzeit verlängern), dabei zwischendurch wenden.

3. Inzwischen die Quinoa in einem Sieb gründlich abbrausen und in reichlich Salzwasser zugedeckt bei mittlerer Hitze 15–20 Min. garen. Sobald sie gar ist, in ein Sieb abgießen und abtropfen lassen. Restliches Olivenöl und übrige Brühe verrühren, mit Salz und Pfeffer würzen.

4. Walnusskerne grob hacken. Gemüse aus dem Ofen nehmen, sofort mit Quinoa, Nüssen und Kakaonibs mischen. Die Olivenöl-Mischung darübergießen.

5. Basilikum und Minze waschen, trocken schütteln, Blätter grob hacken. Salat mit Salz und Pfeffer abschmecken, mit den Kräutern bestreut noch warm servieren.

AUCH KALT
NOCH LECKER

Gefüllte Ofenzucchini

Für 2 Personen • 30 Min. Zubereitung • 25 Min. Backen

2 Zucchini (à ca. 250 g)
Salz | Pfeffer
4 Stiele Basilikum
30 g Sonnenblumenkerne
100 g Seidentofu
80 g gegarte Linsen (aus der Dose)
1 kleine rote Paprika
1 kleine Zwiebel
1 Knoblauchzehe
1 EL Olivenöl
200 g passierte Tomaten (aus der Dose)
100 ml Gemüsebrühe
½ TL gem. Kreuzkümmel
½ TL rosenscharfes Paprikapulver
½ Bund Petersilie
2 Stiele Minze

Nährwerte pro Portion

- ca. 300 kcal
- 17 g Eiweiß
- 13 g Fett
- 24 g Kohlenhydrate
- 8 g Ballaststoffe

1. Zucchini putzen, waschen, längs halbieren und mithilfe eines Löffels aushöhlen, dabei einen ca. 1 cm breiten Rand stehen lassen. Zucchinihälften mit Salz und Pfeffer würzen.

2. Ausgelöstes Zucchinifleisch mit Küchenpapier gut trocken tupfen und klein schneiden. Basilikum abbrausen, trocken schütteln und Blätter von den Stielen zupfen. Beides mit Sonnenblumenkernen und Seidentofu im Blitzhacker fein pürieren. Linsen abgießen, kalt abbrausen und abtropfen lassen, unter die Tofucreme mischen. Salzen und pfeffern.

3. Backofen auf 200° vorheizen. Für die Sauce Paprika halbieren, putzen, waschen und in kleine Würfel schneiden. Zwiebel und Knoblauch schälen, fein würfeln und mit der Paprika im heißen Olivenöl bei mittlerer Hitze 2–3 Min. dünsten. Tomaten und Brühe zugeben, einmal aufkochen, mit Salz, Pfeffer, Kreuzkümmel und Paprikapulver abschmecken.

4. Sauce in eine Auflaufform (ca. 20 x 30 cm) füllen. Zucchinihälften mit der Öffnung nach oben nebeneinander hineinsetzen. Tofumischung einfüllen und die Zucchini im Ofen (Mitte) ca. 25 Min. backen.

5. Petersilie und Minze waschen, trocken schütteln, abzupfen und hacken. Gefüllte Zucchini mit der Tomatensauce auf Tellern anrichten und mit Kräutern bestreut servieren.

FEINE
SOMMERKÜCHE

Spargel »Tricolore«

Für 2 Personen • 45 Min. Zubereitung

Je 250 g weißer und grüner Spargel | ½ Bund Frühlingszwiebeln | 50 g Haselnusskerne | 1 ½ EL Olivenöl | 1 Knoblauchzehe | abgeriebene Schale von ½ Bio-Zitrone | 125 g Kirschtomaten (mit Rispen) | ½ TL Weißweinessig | Salz | Pfeffer | 50 g Babyspinat

1. Spargel waschen, trocken tupfen und Enden abschneiden. Weißen Spargel ganz, grünen nur im unteren Drittel schälen. Frühlingszwiebeln putzen, waschen und schräg in Stücke schneiden oder längs halbieren.

2. Haselnusskerne grob hacken und ohne Fett bei mittlerer Hitze in einer Pfanne leicht anrösten, dann herausnehmen. 1 EL Öl in die noch heiße Pfanne geben, Spargel darin anbraten und danach zugedeckt bei mittlerer Hitze ca. 8 Min. weich garen. Ab und zu wenden. Knoblauch schälen und fein schneiden. Mit Frühlingszwiebeln und Zitronenschale zum Spargel geben, alles noch ca. 3 Min. braten. Gemüse in eine große Auflaufform geben, dann warm stellen.

3. Tomaten mitsamt Rispen waschen, trocken tupfen. Restliches Öl in der Pfanne erhitzen und die Tomaten darin bei mittlerer Hitze ca. 3 Min. braten. Mit Essig ablöschen, salzen und pfeffern. Spinat waschen und trocken schleudern. Tomaten und Spinat zum Spargel geben, alles salzen und pfeffern. Mit den angerösteten Nüssen bestreut servieren.

Nährwerte pro Portion

- ca. 310 kcal
- 10 g Eiweiß
- 24 g Fett
- 13 g Kohlenhydrate
- 7 g Ballaststoffe

Tofu-Gemüse-Pfanne

Für 2 Personen • 25 Min. Zubereitung

200 g Tofu
2 EL Sojasauce
2 ½ EL Apfelessig
1 dünne Stange Lauch
2 Frühlingszwiebeln
1 Möhre
70 g Babyspinat
2 TL geröstetes Sesamöl
Pfeffer
2 Stiele Basilikum

Nährwerte pro Portion

- ca. 210 kcal
- 16 g Eiweiß
- 12 g Fett
- 14 g Kohlenhydrate
- 6 g Ballaststoffe

1. Tofu erst in schmale Scheiben, dann in Streifen schneiden. In ein Schälchen geben, 1 ½ EL Sojasauce und Apfelessig darübergießen und den Tofu ca. 10 Min. marinieren.

2. Lauch und Frühlingszwiebeln putzen, waschen und in dünne Ringe schneiden. Möhre putzen und grob raspeln. Spinat waschen und trocken schleudern.

3. Tofu ohne Marinade in einer beschichteten Pfanne in 1 TL Sesamöl bei mittlerer Hitze ca. 5 Min. anbraten. Herausnehmen und zugedeckt beiseitestellen. Gemüse, bis auf den Spinat, mit der Marinade in die Pfanne geben und bei stärkerer Hitze ca. 2 Min. anbraten. Spinat zufügen und unter Rühren in ca. 30 Sek. zusammenfallen lassen. Tofu untermischen, kurz erwärmen. Alles mit Pfeffer und restlicher Sojasauce abschmecken.

4. Gemüse und Tofu auf zwei Teller verteilen, mit restlichem Sesamöl beträufeln. Basilikum abbrausen, trocken schütteln, Blättchen abzupfen und aufstreuen.

Goldenes Dhal mit Ingwerkohl und Pistazien

Für 2 Personen • 30 Min. Zubereitung

1 Zwiebel
1 ½ EL Olivenöl
175 g Mung Dhal (halbierte, geschälte Mungbohnen)
½ TL Kurkuma
½ TL gem. Koriander
½ TL Asafoetida (ind. Gewürzmischung)
½ kleiner Weißkohl (ca. 350 g)
5 g Ingwer
½ TL Currypulver
1 Frühlingszwiebel
Salz
20 g geröstete Pistazien

1. Zwiebel schälen, fein würfeln und in einem Topf in ½ EL Öl ca. 4 Min. andünsten. Mung Dhal waschen, dazugeben, mit Kurkuma, Koriander und Asafoetida würzen. 450 ml Wasser dazugießen, das Dhal aufkochen und zugedeckt bei mittlerer Hitze ca. 20 Min. cremig köcheln, dabei ab und zu umrühren.

2. Inzwischen Weißkohl waschen, putzen und vierteln, den Strunk entfernen und die Viertel in ca. 1 cm große Stücke schneiden. Dazu erst längs und dann quer in ca. 1 cm breite Streifen schneiden. Ingwer schälen und fein reiben.

3. Restliches Öl in einer großen Pfanne erhitzen. Weißkohl und Ingwer darin ca. 10 Min. anbraten, dabei ab und zu umrühren. Mit Currypulver bestäuben, alles gut mischen und die Herdplatte ausschalten.

4. Zum Servieren Frühlingszwiebel putzen, waschen und schräg in dünne Ringe schneiden. Das Dhal salzen, auf zwei tiefe Teller verteilen und den Ingwerweißkohl danebensetzen. Mit Frühlingszwiebeln und Pistazien bestreuen.

Nährwerte pro Portion

- ca. 510 kcal
- 27 g Eiweiß
- 15 g Fett
- 68 g Kohlenhydrate
- 20 g Ballaststoffe

VITAMIN-
KICK

Grünkohl-Tomaten-Eintopf

Für 2 Personen • 30 Min. Zubereitung

1 Zwiebel | 1 Knoblauchzehe | 2 Stangen Staudensellerie | 1 EL Olivenöl | 200 g Grünkohl | 120 g Cannellini-Bohnen (aus der Dose) | 1 TL Currypulver | 400 g stückige Tomaten (aus der Dose) | 100 ml Gemüsebrühe | Salz | Pfeffer

1. Zwiebel und Knoblauch schälen und fein würfeln. Staudensellerie waschen, putzen und in sehr feine Scheiben schneiden. Alles in einem großen Topf in heißem Öl bei mittlerer Hitze ca. 5 Min. anbraten.

2. Grünkohl waschen, putzen, Blätter von den dicken Blattrippen lösen und dann in 2–3 cm große Stücke schneiden. Bohnen in einem Sieb kalt abspülen und abtropfen lassen.

3. Die Zwiebelmischung im Topf mit Currypulver bestäuben und durchrühren. Grünkohl, Bohnen und Tomaten zugeben. Gemüsebrühe zugießen und mit Salz und Pfeffer würzen. Alles aufkochen, dann zugedeckt bei kleiner Hitze ca. 10 Min. garen. Ist der Eintopf zu dickflüssig, noch etwas Brühe oder Wasser zugießen. Kräftig mit Salz und Pfeffer abschmecken, in zwei Schalen anrichten und servieren.

Nährwerte pro Portion

- ca. 300 kcal
- 10 g Eiweiß
- 20 g Fett
- 20 g Kohlenhydrate
- 6 g Ballaststoffe

Tomaten-Tofu-Auflauf

Für 2 Personen • 15 Min. Zubereitung • 35 Min. Backen

200 g Tofu
2 Knoblauchzehen
1 rote Chilischote
3 EL Olivenöl
Salz | Pfeffer
1 gelbe Paprika
1 rote Zwiebel
2 große Tomaten
2 TL getr. ital. Kräuter

1. Backofen auf 200° vorheizen. Tofu in 5 mm dicke Scheiben schneiden und in eine Auflaufform legen.

2. Knoblauch schälen und in ein Schälchen pressen. Chili waschen, halbieren, entkernen und fein hacken. Mit 2 EL Öl mit dem Knoblauch verrühren. Tofuscheiben mit dem Würzöl bestreichen oder beträufeln, dann gut salzen und pfeffern.

3. Paprika waschen, halbieren, weiße Trennwände und Kerne entfernen. Die Hälften in dünne Streifen schneiden. Zwiebel schälen, halbieren und in feine Halbringe schneiden. Tomaten waschen und in dünne Scheiben schneiden (dabei den Stielansatz herausschneiden).

4. Gemüse auf den Tofuscheiben verteilen und mit Kräutern, Salz und Pfeffer würzen. Den Auflauf mit dem restlichen Öl beträufeln und im Ofen (Mitte) ca. 35 Min. backen. Herausnehmen und heiß servieren.

Nährwerte pro Portion

- ca. 310 kcal
- 14 g Eiweiß
- 22 g Fett
- 13 g Kohlenhydrate
- 6 g Ballaststoffe

Chili sin Carne

Für 2 Personen • 25 Min. Zubereitung

30 g Grünkern | 100 ml Gemüsebrühe | 2 EL Tomatenmark | 1 kleine Zwiebel | 1 rote Paprika | 260 g Kidneybohnen (aus der Dose) 1 EL Olivenöl | 200 g Tofu | 500 g passierte Tomaten (aus der Dose) | 1 EL Chilisauce | Salz | Pfeffer | ½ TL gem. Kreuzkümmel | 1 TL geräuchertes Paprikapulver | ½ reife Avocado | 1 TL Limettensaft | 50 g pflanzliche Sour-Cream-Alternative | 1 TL abgeriebene Bio-Limettenschale | 2 EL geschälte Hanfsamen | 2 EL gehackte Petersilie

Nährwerte pro Portion

- ca. 630 kcal
- 35 g Eiweiß
- 24 g Fett
- 43 g Kohlenhydrate
- 20 g Ballaststoffe

1. Grünkern im Blitzhacker oder in einem leistungsstarken Mixer fein mahlen. Gemüsebrühe aufkochen, Grünkern und Tomatenmark einrühren, vom Herd nehmen und abgedeckt zur Seite stellen.

2. Zwiebel schälen und fein würfeln. Paprika putzen, waschen und würfeln. Bohnen abgießen, kalt abspülen und abtropfen lassen. Tofu zwischen zwei Lagen Küchenpapier gut ausdrücken, sodass er möglichst trocken wird, und mit den Händen zerbröseln.

3. Öl in einem Topf erhitzen, Tofu darin unter Wenden kräftig anbraten, bis er goldbraun ist. Zwiebel und Paprika zugeben und mit andünsten. Grünkern-Mischung zufügen und kurz mitdünsten. Tomaten, Chilisauce und 50 ml Wasser zugeben, mit Salz, Pfeffer, Kreuzkümmel und Paprikapulver würzen und alles aufkochen. Bei mittlerer Hitze ca. 10 Min. köcheln lassen, dabei öfter umrühren. Kidneybohnen zugeben, alles weitere ca. 5 Min. köcheln lassen. Mit Salz, Pfeffer und nach Belieben noch Chilisauce abschmecken.

4. Stein aus der Avocado entfernen, das Fruchtfleisch aus der Schale lösen, mit Limettensaft beträufeln und mit einer Gabel fein zerdrücken. Sour-Cream-Alternative und Limettenschale zugeben und alles verrühren, mit Salz abschmecken. Chili sin Carne in zwei Schalen anrichten, je einen Klecks Avocado-Dip daraufgeben und mit Hanfsamen und gehackter Petersilie bestreut servieren.

SCHMECKT
AUCH AUFGEWÄRMT

Blitzschnelle Asia-Pfanne

Für 4 Portionen • 30 Min. Zubereitung

½ Zwiebel | ½ rote Chilischote | 2 Knoblauchzehen | 1 Möhre | ½ Rote Bete | ½ Paprika | ½ Brokkoli | ½ EL Olivenöl | 150 g TK-Edamame | 1 ½ EL Sojasauce | 1 EL Reisessig | 1 Handvoll heller Sesam (geröstet) | 1 Handvoll Erdnusskerne | 1 EL Sesamöl | 1 Frühlingszwiebel | 2 Stiele Koriander | 1 EL Limettensaft

Nährwerte pro Portion

- ca. 200 kcal
- 8 g Eiweiß
- 10 g Fett
- 17 g Kohlenhydrate
- 5 g Ballaststoffe

1. Zwiebel schälen und in Streifen schneiden. Chili waschen, längs halbieren, entkernen und in feine Streifen schneiden. Knoblauch schälen und fein hacken. Möhre und Rote Bete putzen und schälen. Paprika putzen und waschen. Alles in Würfel schneiden. Brokkoli waschen, putzen und in mundgerechte Röschen teilen.

2. Olivenöl in einer Pfanne erhitzen. Zwiebelstreifen, Chili, Möhre und Knoblauch darin bei mittlerer Hitze anbraten. Brokkoli und Rote Bete dazugeben und bis zum gewünschten Gargrad mitbraten. Dann Paprika und Edamame dazugeben. Die Gemüsemischung mit Sojasauce und Reisessig ablöschen. Sesam und Erdnüsse untermischen und alles mit Sesamöl abschmecken.

3. Frühlingszwiebel putzen, waschen und in feine Ringe schneiden. Koriander waschen und trocken schütteln, die Blättchen abzupfen und hacken. Das Gemüse auf zwei Teller verteilen, mit Frühlingszwiebeln und Koriander bestreuen und mit Limettensaft beträufeln.

Orientalischer Linsentopf

Für 2 Personen • 55 Min. Zubereitung

1 kleine rote Zwiebel | 1 dünne Stange Lauch | 3 Stiele Majoran | 1 EL Olivenöl | 125 g braune Tellerlinsen | 1 TL Ras el Hanout (orient. Gewürzmischung | ½ TL edelsüßes Paprikapulver | 1 Möhre | 200 g Steckrübe | 150 g Räuchertofu | Salz | Pfeffer | 1 EL Apfelessig | 2 EL gehackter Koriander

Nährwerte pro Portion

- ca. 395 kcal
- 30 g Eiweiß
- 13 g Fett
- 38 g Kohlenhydrate
- 17 g Ballaststoffe

1. Zwiebel schälen und fein würfeln. Lauch putzen, waschen und klein schneiden. Majoran waschen, trocken schütteln, Blätter abzupfen und hacken.

2. Öl in einem Topf erhitzen. Zwiebel und Lauch darin unter Wenden andünsten. Linsen zugeben und unter Wenden kurz mitdünsten. Ras el Hanout, Paprikapulver und Majoran einrühren. 750 ml Wasser angießen, aufkochen und ca. 15 Min. köcheln lassen.

3. Inzwischen Möhre und Steckrübe putzen, schälen und klein würfeln. Zur Linsensuppe geben und alles bei kleiner bis mittlerer Hitze weitere ca. 30 Min. köcheln lassen.

4. Kurz vor Ende der Garzeit Tofu klein würfeln. Übriges Öl in einer beschichteten Pfanne erhitzen, Tofu darin unter Wenden knusprig anbraten. Linsen mit Salz, Pfeffer und Essig abschmecken und in tiefen Tellern anrichten. Tofu darauf verteilen, mit Koriander bestreuen und servieren.

BALLAST-STOFFE PUR

Salate und Suppen

Wenn du hungrig bist, kannst du vor dem Mittag- oder Abendessen gerne eine Portion Salat oder einen Teller Suppe essen – oder auch beides. Kalorienmäßig schlägt das kaum zu Buche, denn die Energiedichte ist ziemlich gering, wenn Salate und Suppen wie die Rezepte auf den folgenden Seiten viel Wasser und reichlich Ballaststoffe enthalten. Letztere sorgen zudem dafür, dass der Zucker aus der nachfolgenden Mahlzeit weniger schnell ins Blut kommt. Extrapunkt: Der Essig im Salatdressing verhindert ebenfalls Blutzuckerspitzen, weil er Enzyme enthält, die die Aufschlüsselung der Kohlenhydrate in Glukose verzögern. Das gilt übrigens auch für milchsauer vergorenes Gemüse wie Frischsauerkraut oder saure Gurken, die sich deswegen ebenfalls sehr gut als »Appetizer« anbieten.

Wildkräutersalat

Für 2 Personen • 20 Min. Zubereitung

150 g junger Pflücksalat (z. B. Lollo rosso/bionda, Eichblattsalat)
50 g Wildkräuter (z. B. junge Löwenzahn- oder Brennnesselblätter, Sauerampfer, Giersch)
2 Frühlingszwiebeln
40 g Sprossen (z. B. Rettich)
1 EL Apfel- oder Weißweinessig
Salz | Pfeffer
1 EL Olivenöl

1. Den Salat und die Wildkräuter verlesen, waschen, trocken schleudern und in mundgerechte Stücke zupfen. Die Frühlingszwiebeln waschen, putzen, das Weiße und Hellgrüne in feine Ringe schneiden. Sprossen in einem Sieb kurz abbrausen und abtropfen lassen.

2. Essig mit Salz und Pfeffer in einer Schüssel verquirlen. Das Olivenöl unter ständigem Rühren unterschlagen, bis die Sauce schön cremig ist. Salat und Wildkräuter dazugeben und untermischen. Sprossen über dem Salat verteilen und servieren.

Nährwerte pro Portion

- ca. 110 kcal
- 3 g Eiweiß
- 6 g Fett
- 7 g Kohlenhydrate
- 3 g Ballaststoffe

Gurken-Radieschen-Salat

Für 2 Personen • 25 Min. Zubereitung

1 Salatgurke
8 Radieschen
½ rote Zwiebel
½ Bund Dill
1 EL Apfel- oder Weißweinessig
1 EL Olivenöl
Salz | Pfeffer

1. Die Gurke waschen und in kleine Stücke schneiden. Die Radieschen putzen, waschen, den Strunk entfernen und vierteln. Die Zwiebel schälen und in feine Würfel schneiden. Den Dill abbrausen, trocken schütteln und hacken. Alle Zutaten in einer Schüssel vermengen.

2. Den Essig gründlich mit dem Olivenöl verquirlen. Über den Salat geben, mit Salz und Pfeffer abschmecken und frisch servieren.

Nährwerte pro Portion

- ca. 90 kcal
- 2 g Eiweiß
- 6 g Fett
- 6 g Kohlenhydrate
- 2 g Ballaststoffe

Kohlrabi-Möhren-Rohkost

Für 2 Personen • 10 Min. Zubereitung

1 Kohlrabi
2 Möhren
2 TL braunes Mandelmus
3 TL Apfelessig
Salz | Pfeffer
1 TL Leinöl
½ Bund Schnittlauch
1 EL ungeschälte Hanfsamen

1. Kohlrabi und Möhren putzen, waschen und beides auf der Küchenreibe grob raspeln. In eine Schüssel geben.

2. Mandelmus, Apfelessig, 1 TL Wasser, Salz, Pfeffer und Leinöl verquirlen und unter die Kohlrabi-Möhren-Raspel ziehen.

3. Schnittlauch waschen, trocken schütteln und in Röllchen schneiden, zum Salat geben. Salat auf zwei Teller oder Schälchen verteilen und mit den Hanfsamen bestreut servieren.

Nährwerte pro Portion

- ca. 140 kcal
- 6 g Eiweiß
- 7 g Fett
- 11 g Kohlenhydrate
- 8 g Ballaststoffe

Gurken-Avocado-Salat

Für 2 Personen • 15 Min. Zubereitung

1 große Avocado
1 kleine Salatgurke
40 g Salat-Mix
(z. B. Rucola, Lollo bionda)
1 TL ungeschälter Sesam
1 ½ EL Tahin (Sesampaste)
1 TL Limettensaft
2 EL geröstetes Sesamöl
1 TL Sojasauce
2–3 TL Reisessig
Salz | Pfeffer

1. Die Avocado längs halbieren, den Kern entfernen, das Fruchtfleisch aus der Schale lösen und in mundgerechte Würfel schneiden. Die Gurke waschen, putzen und in ebenso große Würfel schneiden. Den Salat waschen, trocken schleudern und zerzupfen. Alles mit dem Sesam in einer Salatschüssel mischen.

2. Für das Dressing Tahin, Limettensaft, Sesamöl, Sojasauce, Reisessig und 3 EL Wasser verquirlen (nach Wunsch noch mehr Wasser dazugeben). Mit Salz und Pfeffer abschmecken und kurz vor dem Servieren unter den Salat ziehen.

Nährwerte pro Portion

- ca. 725 kcal
- 13 g Eiweiß
- 71 g Fett
- 2 g Kohlenhydrate
- 8 g Ballaststoffe

Tomatensuppe

Für 2 Personen • 20 Min. Zubereitung

400 g reife Tomaten (ersatzweise 400 g stückige Tomaten aus der Dose)
1 Zwiebel
1 Knoblauchzehe
1 EL Olivenöl
2 TL getr. ital. Kräuter (z. B. Oregano, Basilikum, Thymian, Rosmarin)
500 ml Gemüsebrühe
Salz | Pfeffer
Basilikum (nach Belieben)

1. Tomaten waschen, vom Stielansatz befreien und in Stücke schneiden. Zwiebel und Knoblauch schälen und würfeln.

2. Olivenöl in einem Topf erhitzen. Zwiebel und Knoblauch darin bei mittlerer Hitze glasig dünsten. Kräuter und Tomaten zugeben und kurz mitdünsten. Mit Brühe aufgießen, aufkochen und zugedeckt bei mittlerer Hitze ca. 10 Min. köcheln.

3. Die Suppe vom Herd nehmen und fein pürieren. Mit Salz und Pfeffer abschmecken. Auf tiefen Tellern oder in Schalen anrichten und mit zerzupftem Basilikum bestreuen.

Nährwerte pro Portion

- ca. 150 kcal
- 3 g Eiweiß
- 10 g Fett
- 9 g Kohlenhydrate
- 4 g Ballaststoffe

Scharfe Asia-Gemüsesuppe

Für 2 Personen • 15 Min. Zubereitung

2 Knoblauchzehen
40 g Ingwer
1 kleine rote Chilischote
1 EL gekörnte Gemüsebrühe
3 EL Sojasauce
1 rote Zwiebel
1 rote Paprika
1/3 Spitzkohl (ca. 150 g)
2 kleine Zucchini (ca. 300 g)
1/3 Bund Koriander
4 Stiele Minze
1 EL Sprossen (z. B. Rettich)
abgeriebene Schale von ½ Bio-Limette

1. Knoblauch und Ingwer schälen und fein würfeln. Chili putzen und in sehr dünne Scheiben schneiden. Mit Brühpulver, Sojasauce und 1 l Wasser zugedeckt aufkochen und dann ca. 10 Min. bei mittlerer Hitze köcheln lassen.

2. Zwiebel schälen, halbieren und in feine Scheiben schneiden. Das übrige Gemüse waschen und putzen. Paprika und Spitzkohl in sehr dünne Streifen schneiden. Zucchini mit dem Spiralschneider zu ca. 0,4 cm dicken »Nudeln« verarbeiten.

3. Kräuter waschen und hacken. Sprossen abbrausen. Mit der Limettenschale über die Suppe streuen.

Nährwerte pro Portion

- ca. 110 kcal
- 7 g Eiweiß
- 1 g Fett
- 13 g Kohlenhydrate
- 8 g Ballaststoffe

Toskanische Bohnensuppe

Für 2 Personen • 35 Min. Zubereitung • 30 Min. Garen

100 g weiße Bohnen (aus der Dose)
50 g weiße Zwiebel
1–2 Knoblauchzehen
½ kleines Bund Suppengrün
1 rote Chilischote
1 Zweig Rosmarin
4 Zweige Thymian
60 ml Olivenöl
750 ml Gemüsebrühe
1 Lorbeerblatt
Salz | Pfeffer

1. Bohnen abgießen und abbrausen. Zwiebel und Knoblauch schälen und würfeln. Suppengrün waschen und klein schneiden. Chili waschen, putzen und hacken. Rosmarin und Thymian abbrausen, die Nadeln bzw. Blätter abzupfen.

2. Zwiebel in 30 ml Öl glasig dünsten. Knoblauch und Suppengrün zufügen und ca. 5 Min. mitdünsten. Bohnen, Brühe, Lorbeer, Chili, Rosmarin und die Hälfte des Thymians zugeben. Zugedeckt bei kleiner Hitze ca. 30 Min. köcheln lassen.

3. 1/3 vom Gemüse herausnehmen. Die übrige Suppe fein pürieren. Gemüse zurück in die Suppe geben, evtl. noch Brühe dazugeben. Übriges Öl einrühren, salzen, pfeffern und den restlichen Thymian aufstreuen.

Nährwerte pro Portion

- ca. 360 kcal
- 5 g Eiweiß
- 31 g Fett
- 12 g Kohlenhydrate
- 5 g Ballaststoffe

Schnelles Misosüppchen mit Tofu

Für 2 Personen • 15 Min. Zubereitung

1 kleiner Kopf Pak Choi (ca. 150 g; ersatzweise Mangold)
1 TL Yacon- oder Reissirup
Salz
2 EL Misopaste
1 EL Sesamöl
1 EL Sojasauce
150 g Seidentofu

1. Pak Choi putzen und waschen. Die Stängel in ca. 2 cm breite Stücke schneiden, die Blätter fein hacken. Stängel mit Yacon- bzw. Reissirup in einem Topf in wenig Salzwasser ca. 3 Min. köcheln, dann abgießen. Im selben Topf 800 ml Wasser erhitzen. Misopaste einrühren, Pak-Choi-Blättchen dazugeben, Sesamöl und die Sojasauce unterrühren.

2. Seidentofu vorsichtig in Würfel schneiden und dann auf zwei Suppenschalen verteilen. Mit Misosüppchen auffüllen und mit den Pak-Choi-Stängeln garnieren. Sofort servieren.

Nährwerte pro Portion

- ca. 110 kcal
- 8 g Eiweiß
- 5 g Fett
- 2 g Kohlenhydrate
- 1 g Ballaststoffe

NASCHEN
ERLAUBT

Süßes

Auch wenn du auf deinen Blutzucker achten möchtest, darfst du hin und wieder Süßes naschen. Besser als ein süßer Snack zwischendurch ist ein Dessert nach dem Mittagessen. Zum einen ist der Blutzuckerspiegel dann ohnehin schon leicht erhöht, zum anderen schlägt die Kurve wegen der vielen Ballaststoffe in der Hauptmahlzeit weniger drastisch aus. Statt industriell gefertigter Süßwaren, die heute fast immer mit Fruktose-Glukose-Sirup gesüßt sind, solltest du auch Desserts lieber selbst zubereiten. Dann weißt du ganz genau, was darinsteckt. Oder du greifst einfach zu frischem Obst. Das enthält zwar ebenfalls Fruchtzucker, aber auch viele Ballaststoffe, Vitamine und sekundäre Pflanzenstoffe, die das locker wieder aufwiegen. Mein Tipp: Wenn du auf Nummer sicher gehen willst, kannst du vor dem Nachtisch ein Glas Wasser mit einem Esslöffel Apfelessig trinken oder du gehst nach dem Essen einfach noch kurz spazieren und »winkst« so den Zucker direkt in die Muskelzellen.

Heidelbeer-Mandel-Sorbet

Für 2 Personen • 20 Min. Zubereitung

150 g TK-Heidelbeeren
½ EL gehackte ungeschälte Mandelkerne
5 Blätter Zitronenmelisse
1 ½ EL weißes Mandelmus
1 ½ EL Yacon- oder Reissirup
½ EL Zitronensaft

1. Die Heidelbeeren in den Behälter des Blitzhackers oder in ein hohes Rührgefäß geben und 10–15 Min. antauen lassen. Inzwischen die Mandeln in einer Pfanne ohne Fett goldbraun rösten, vom Herd nehmen und abkühlen lassen.

2. Die Zitronenmelisse abbrausen, 2 Blätter beiseitelegen, den Rest grob zerkleinern. Zitronenmelisse, Mandelmus, Yacon- bzw. Reissirup und Zitronensaft zu den Heidelbeeren geben und alles mit dem Stabmixer zu einem cremigen Sorbet pürieren.

3. Mit einem angefeuchteten Eisportionierer oder Esslöffel Kugeln oder Nocken abstechen und auf zwei Gläser verteilen. Mit den gerösteten Mandeln und den übrigen Melisseblättchen garnieren.

Nährwerte pro Portion

- ca. 140 kcal
- 2 g Eiweiß
- 6 g Fett
- 19 g Kohlenhydrate
- 4 g Ballaststoffe

GESUNDE
BALLASTSTOFFE

Fruchtiger Hirsebrei

Für 2 Personen • 20 Min. Zubereitung

80 g Goldhirse | 1 Nektarine | 250 ml Soja- oder Mandeldrink (ungesüßt) | Salz | je ½ TL Kurkuma und Zimt | 2 TL Yacon- oder Reissirup | 1–2 EL Walnusskerne | 2 Handvoll Himbeeren (frisch oder TK, aufgetaut) | 2 EL pflanzliche Joghurtalternative (ungesüßt)

Nährwerte pro Portion

- ca. 340 kcal
- 7 g Eiweiß
- 13 g Fett
- 49 g Kohlenhydrate
- 5 g Ballaststoffe

1. Die Hirse in ein Sieb geben und mit heißem Wasser spülen, bis das Wasser klar bleibt. Die Nektarine waschen, trocken tupfen, halbieren, den Stein entfernen. ¼ der Nektarine in feine Spalten schneiden und zur Seite legen, das übrige Fruchtfleisch in ca. 1 cm große Würfel schneiden.

2. In einem Topf Hirse, Soja- bzw. Mandeldrink, 1 Prise Salz, Kurkuma, Zimt, Sirup und Nektarinenwürfel aufkochen und zugedeckt 10–12 Min. bei niedriger Temperatur quellen lassen. Danach vom Herd ziehen und ausdämpfen lassen.

3. Die Walnusskerne in einer Pfanne ohne Öl rundherum goldbraun anrösten, abkühlen lassen und mittelfein hacken. Die Himbeeren waschen und abtropfen lassen. Den Hirsebrei auf zwei Schüsseln verteilen, mit den zurückbehaltenen Nektarinenspalten sowie den Himbeeren belegen. Je Portion 1 leicht gehäuften EL Joghurt dazugeben und zum Schluss alles mit den gerösteten Walnüssen bestreuen.

Nicecream

Für 2 Personen • 10 Min. Zubereitung • 6 Std. Kühlen

2 Bananen (à ca. 130 g)
2 EL schwach entöltes Kakaopulver
3 EL Erdnussmus (ungesalzen; ersatzweise Mandel-, Haselnuss- oder Cashewmus)
1 ½ EL Erdnusskerne (ungesalzen; ersatzweise Mandel-, Haselnuss- oder Cashewkerne)

Nährwerte pro Portion

- ca. 285 kcal
- 10 g Eiweiß
- 14 g Fett
- 29 g Kohlenhydrate
- 7 g Ballaststoffe

1. Bananen schälen, in dünne Scheiben schneiden und für ca. 6 Std. (oder über Nacht) in einer Gefrierdose einfrieren.

2. Danach die Bananenscheiben mit Kakaopulver und Erdnussmus in einen leistungsstarken Standmixer geben und fein zerkleinern, bis die Masse cremig ist. Die Erdnüsse grob hacken und unterziehen.

3. Nicecream sofort servieren oder für später einfrieren – dann vor dem Verzehr etwas antauen lassen.

Tipp

Wenn du nur einen herkömmlichen Standmixer besitzt, lässt du die gefrorenen Bananen vor dem Zerkleinern einfach ca. 25 Min. antauen. Danach frierst du die fertige Eismasse evtl. noch mal bis zur gewünschten Festigkeit ein. Für noch mehr Schokoaroma und sekundäre Pflanzenstoffe: gehackte Zartbitterschokolade (mindestens 75 % Kakaoanteil) zufügen.

Avocado-Schoko-Mousse

Für 2 Personen • 20 Min. Zubereitung • 1 Std. Kühlen

70 g Zartbitterschokolade (mind. 85 % Kakaoanteil)
Mark von ½ Vanilleschote
50 ml Kokosmilch
1 vollreife Avocado
1 EL schwach entöltes Kakaopulver
1 EL Yacon- oder Reissirup
1 EL Kokosraspel
8 Physalis (nach Belieben)

Nährwerte pro Portion

- ca. 550 kcal
- 7 g Eiweiß
- 50 g Fett
- 12 g Kohlenhydrate
- 11 g Ballaststoffe

1. Die Schokolade zerbrechen und in einer Schüssel über einem heißen Wasserbad schmelzen. Dann die Schüssel herunternehmen und die Schokolade abkühlen lassen.

2. Das Vanilleschotenmark mit der Kokosmilch in einen Mixbecher geben. Die Avocado halbieren, den Kern entfernen, das Fruchtfleisch mit einem Löffel aus den Schalen lösen und grob in Stücke schneiden. Mit dem Kakaopulver und dem Sirup ebenfalls in den Mixbecher geben. Alles mit dem Pürierstab cremig und homogen pürieren.

3. Die gut abgekühlte, aber noch flüssige Schokolade sofort unter die Avocadomasse mixen. Im Mixbecher zugedeckt im Kühlschrank in 1 Std. fest werden lassen.

4. Von der fest gewordenen Schokomousse nach Belieben Nocken abstechen und diese auf kleine Teller setzen. Die Mousse mit Kokosraspeln bestreuen. Die Hüllbätter der Physalis aufklappen und die Mousse mit den Früchten dekoriert servieren.

Gefüllte Papaya mit Limette

Für 2 Personen • 15 Min. Zubereitung

25 g Mandelstifte
125 g Heidelbeeren
2 Stiele Minze
1 EL Yacon- oder Reissirup
1 große reife Papaya
½ Limette

Nährwerte pro Portion

- ca. 130 kcal
- 2 g Eiweiß
- 1 g Fett
- 11 g Kohlenhydrate
- 4 g Ballaststoffe

1. Die Mandelstifte in einer Pfanne ohne Fett bei geringer Hitze ca. 3 Min. rösten, bis sie goldgelb sind.

2. Heidelbeeren verlesen, kurz abbrausen und vorsichtig trocken tupfen. Die Minze kalt abbrausen und trocken schütteln. Die Blätter abzupfen, einige für die Garnierung beiseitelegen, den Rest fein hacken und zusammen mit den Heidelbeeren in eine Schüssel geben. Mit Yacon- bzw. Reissirup beträufeln und ca. 5 Min. ziehen lassen.

3. Die Papaya längs halbieren, die Kerne herausschaben, das Fruchtfleisch mit einem Kugelausstecher herauslösen und mit den Heidelbeeren vermischen.

4. Die Limette halbieren, den Saft auspressen und unter das Obst rühren. Den Fruchtsalat in die ausgehöhlten Papayahälften füllen und mit den gerösteten Mandeln bestreuen. Sofort servieren.

Vollkornpancakes mit Aprikosenquark

Für 2 Personen • 30 Min. Zubereitung

80 g Dinkelvollkornmehl
1 EL Flohsamenschalen
2 TL Weinsteinbackpulver
Salz
150 ml Soja- oder Mandeldrink (ungesüßt)
1 TL Haselnuss- oder Mandelöl
½ TL gem. Bourbon-Vanille
1 EL Yacon- oder Reissirup
je ½ EL Sonnenblumen- und Kürbiskerne
2 Aprikosen
½ TL abgeriebene Bio-Zitronenschale
100 g vegane Quarkalternative (Soja oder Mandel)
4 TL Rapsöl

Nährwerte pro Portion

- ca. 350 kcal
- 7 g Eiweiß
- 17 g Fett
- 38 g Kohlenhydrate
- 8 g Ballaststoffe

1. Für die Pancakes Mehl, Flohsamenschalen, Backpulver und 1 Prise Salz vermischen. Soja- bzw. Mandeldrink, Nuss- bzw. Mandelöl, Vanille und Sirup dazugeben und zu einem glatten Teig verrühren. Ca. 10 Min. quellen lassen, dann 4–5 EL Wasser zufügen und den Teig nochmals durchrühren.

2. Die Sonnenblumen- und Kürbiskerne in einer Pfanne ohne Fett bei mittlerer Hitze rösten. Vom Herd nehmen und abkühlen lassen.

3. Für den Quark die Aprikosen waschen, halbieren, entsteinen und in kleine Würfel schneiden. Die Hälfte davon mit der Zitronenschale unter den Quark rühren. Übrige Aprikosenwürfel beiseitelegen.

4. Den Backofen auf 80° vorheizen. In einer großen beschichteten Pfanne 2 TL Öl erhitzen. Aus der Hälfte des Teiges darin in 4–5 Min. bei mittlerer bis starker Hitze 4–5 Pancakes backen, dabei pro Pancake 1 EL Teig in die Pfanne geben. Sobald der Rand der Pancakes bräunt, vorsichtig wenden und auf der anderen Seite weitere 2–3 Min. backen. Herausnehmen und im Ofen warm halten. Restlichen Teig und Öl ebenso verarbeiten.

5. Die Pancakes mit dem Aprikosenquark und den übrigen Aprikosenstücken auf Tellern anrichten. Mit den gerösteten Kernen bestreuen.

AUCH GUT
MIT BEEREN

14-Tage-Plan

Schon zwei Wochen reichen aus, um sich davon zu überzeugen, wie gut die blutzuckergesunde Ernährung tut. Du wirst dich kraftvoll und energiegeladen fühlen – und vor allem wirst du merken, dass dir nichts fehlt.

Wenn du möchtest, koche einfach nach diesem 14-Tage-Plan. Vor den Hauptmahlzeiten kannst du dazu je nach Appetit noch ein Rezept aus dem Kapitel »Salate und Suppen« (Seite 136 ff.) essen. Und wenn du einmal richtig Lust auf Süßes hast, darfst du dir mittags ohne schlechtes Gewissen auch ein Dessert oder eine Handvoll Obst gönnen.

Woche	Tag	Mahlzeit 1	Mahlzeit 2	Mahlzeit 3
1	**Montag**	Vollkornbrötchen mit Tofu-»Hüttenkäse« mit Kräutern (Seite 68)*	Ratatouille mit Süßkartoffelstampf (Seite 80)	Blumenkohl-Taboulé (Seite 118)
	Dienstag	Veganes Tofu-»Rührei« (Seite 66)*	Asia-Nudelsalat mit Tofu (Seite 104)	Edamame-Gemüse-Eintopf (Seite 119)
	Mittwoch	Avocadobrot (Seite 75)*	Grünkohl-Cashew-Korma (Seite 106)	Algen-Tofu-Salat (Seite 116)
	Donnerstag	Warmer Möhren-Porridge (Seite 76)*	Schwarze-Bohnen-Burger (Seite 95)	Spargel »Tricolore« (Seite 124)
	Freitag	Italo-Schnitte (Seite 74)*	One-Pot-Pasta aus dem Ofen (Seite 83)	Rohkostcarpaccio (Seite 117)
	Samstag	Pinke Smoothiebowl (Seite 69)*	Kerniger Kürbisauflauf (Seite 105)	Kichererbsen-Curry (Seite 94) (Nussiges Saatenbrot backen für die nächsten Tage, siehe Seite 71)
	Sonntag	Nussiges Saatenbrot mit würzigem Hummus (Seite 71 und 72)*	Spargel-Kohlrabi-Quiche (Seite 90)	Dämpfgemüse mit pikanter Sauce (Seite 112)

Woche		Mahlzeit 1	Mahlzeit 2	Mahlzeit 3
	Tag			
2	**Montag**	Nussiges Saatenbrot mit Edamame-Brokkoli-Aufstrich (Seite 71 und 73)*	Pure-Aroma-Pasta (Seite 93)	Blitzschnelle Asia-Pfanne (Seite 132)
	Dienstag	Nussiges Saatenbrot mit Tofu-»Hüttenkäse« mit Kräutern (Seite 71 und 68)*	Kartoffelcurry mit Erbsen (Seite 92)	Bunter Rohkostteller (Seite 110)
	Mittwoch	Warmer Möhren-Porridge (Seite 76)*	Vietnamesische Sommerrollen (Seite 102)	Kichererbseneintopf mit Mangold (Seite 114)
	Donnerstag	Veganes Tofu-»Rührei« (Seite 66)*	Grüne Kurkuma-Bowl (Seite 86)	Tomaten-Tofu-Auflauf (Seite 129)
	Freitag	Pinke Smoothiebowl (Seite 69)*	Knusper-Wedges mit Dip (Seite 82)	Orientalischer Linsentopf (Seite 133)
	Samstag	Kichererbsenomelett (Seite 70)*	Veganes »Lachs-Sandwich« (Seite 84)	Chili sin Carne (Seite 130)
	Sonntag	Vollkornbrötchen mit Tofu-»Hüttenkäse« mit Kräutern (Seite 68)*	Linguine mit Blumenkohl-Carbonara (Seite 88)	Grünkohlsalat mit Kürbis (Seite 111)

* Wenn du vormittags noch interfallfastest, lass das Frühstück einfach weg. Starte dann mittags etwa 30–60 Minuten vor der ersten großen Mahlzeit mit einer Smoothiebowl (Seite 69), einem Salat oder eine Suppe (Seite 136 ff.), um deinen Magen nicht gleich zu überlasten.

REGISTER

Abkürzungen

- TL = Teelöffel
- EL = Esslöffel
- gem. = gemahlen
- gestr. = gestrichen
- getr. = getrocknet
- ind. = indisch
- orient. = orientalisch
- ital. = italienisch

Anmerkungen

[1] Robert Koch-Institut (2008). *Oxidativer Stress und Möglichkeiten seiner Messung aus umweltmedizinischer Sicht: Mitteilung der Kommission, Methoden und Qualitätssicherung in der Umweltmedizin.* Bundesgesundheitsblatt – Gesundheitsforschung – Gesundheitsschutz, Bd. 51, Nr. 12, 1464–1482

[2] Rajendran P *u. a. (2014). Antioxidants and human diseases.* Clin. Chim. Acta Int. J. Clin. Chem., Bd. 436, 332–347

[3] Tan BL, Norhaizan ME, Liew WPP (2018). *Nutrients and Oxidative Stress: Friend or Foe?* Oxid. Med. Cell. Longev., Bd. 2018, 9719584

[4] Uribarri J, Cai W, Sandu O, Peppa M, Goldberg T, Vlassara H (2005). *Diet-derived advanced glycation end products are major contributors to the body's AGE pool and induce inflammation in healthy subjects.* Ann N Y Acad Sci, 1043, 461–466

[5] Adam O (2013). *Pathophysiologie der Entzündung.* Schweizer Zeitschrift für Ernährungsmedizin, 1, 6–10

[6] Hinz B (2003). *Neue Targets bei Entzündungen und Schmerzen.* Pharmazeutische Zeitung, 40. https://www.pharmazeutische-zeitung.de/titel-40-2003/

[7] Matthews DR et al. (1985). *Homeostasis Model Assessment: Insulin resistance and β cell function from fasting plasma glucose and insulin concentrations in man.* Diabetologia 1985; 28: 412–419

[8] Payling L, Fraser K et al. (2020). *The effects of carbohydrate structure on the composition and functionality of the human gut microbiota.* Trends Food Sci. Technol. 2020; 97:233–248

[9] Rezende ESV, Lima GC et al. (2021). *Dietary fibers as beneficial microbiota modulators: A proposed classification by prebiotic categories.* Nutrition. 89:111217

[10] Gill SK, Rossi M et al. (2021). *Dietary fibre in gastrointestinal health and disease.* Nat Rev Gastroenterol Hepatol. 18(2):101–116

[11] Patterson E , Ryan PM, Cryan JF, Dinan TG, Ross RP, Fitzgerald GF, Stanton C (2016). *Gut microbiota, obesity and diabetes.* Postgrad Med J. 92(1087):286–300

[12] Schlehe J, Ussar S (2016). *Das Mikrobiom: Einfluss auf Adipositas und Diabetes* Deutsches Ärzteblatt 2016; 113(17)

[13] Koerber K v, Männle T, Leitzmann C (1. Aufl. 1981, 11. Aufl. 2012). *Vollwert-Ernährung: Konzeption einer zeitgemäßen und nachhaltigen Ernährungsweise.* 64–70. Haug Verlag, Stuttgart

[14] https://www.dge.de/presse/pm/mehr-ballaststoffe-bitte/

[15] Liu S, Yang N et al. (2011). *Antioxidant Effects of Oats Avenanthramides on Human Serum.* Agric. Sci. China. 10:1301–1305

[16] Skoglund M, Peterson DM et al. (2007). *Avenanthramide content and related enzyme activities in oats as affected by steeping and germination.* J. Cereal Sci. 2008; 48:294–303

[17] Paudel D, Dhungana B et al. (2021). *A Review of Health-Beneficial Properties of Oats. Foods.* 2021;10(11):2591

[18] Rebello CJ, O'Neil CE et al. (2016). *Dietary fiber and satiety: The effects of oats on satiety.* Nutr. Rev. 2016; 74:131–147.

[19] Huang XF, Yu Y et al. (2011). *Diet high in oat β-glucan activates the gut-hypothalamic (PYY3-36-NPY) axis and increases satiety in diet-induced obesity in mice.* Nutr. Food Res. 2011;55:1118–1121

[20] Ciecierska A, Drywień ME et al. (2019). *Nutraceutical functions of beta-glucans in human nutrition.* Rocz Panstw Zakl Hig. 2019;70(4):315–324

[21] Battilana P., Ornstein K et al. (2001). *Mechanisms of action of β-glucan in postprandial glucose metabolism in healthy men.* Eur. J. Clin. Nutr. 2001; 55:327–333

[22] Lammert A et al. (2006). *Kohlenhydrattage als einfache und effektive Therapie der Insulinresistenz.* Diabetologie und Stoffwechsel. https://www.researchgate.net/publication/245880492

[23] Petsiou EI, Mitrou PI, Raptis SA, Dimitriadis GD (2014). *Effect and mechanisms of action of vinegar on glucose metabolism, lipid profile, and body weight.* Nutr Rev. 2014 Oct; 72(10):651–661

[24] Shishehbor F, Mansoori A, Shirani F (2017). *Vinegar consumption can attenuate postprandial glucose and insulin responses; a systematic review and meta-analysis of clinical trials.* Review Diabetes Res Clin Pract. 2017 May: 127:1–9

[25] Santos HO , de Moraes WMAM , da Silva GAR, Prestes J, Schoenfeld BJ (2019). *Vinegar (acetic acid) intake on glucose metabolism: A narrative review.* Review Clin Nutr ESPEN. 2019 Aug: 32:1–7

[26] https://www.spektrum.de/news/wie-ein-glas-wasser-den-hunger-zuegelt/1416206

[27] Feskanich D, Bischoff-Ferrari HA, Frazier AL, Wilett WC (2014). *Milk consumption during teenage years and risk of hip fractures in older adults.* JAMA Pediatr, 168 (1), 54–60

[28] Ahnen RT, Jonnalagadda SS, Slavin JL (2019): *Role of plant protein in nutretition, wellness and health.* Nur. Rev pii: nuz028

[29] Budhathoki S, Sawada N, Iwasaki M et al. (2019):*Association of animal and plant protein intake with all-cause and cause-specific mortality.* JAMA Intern Med.

[30] Döschner L, Schulze K, Göger L, et al. (2024). *Effects of a short-term vegan challenge in older adults on metabolic and inflammatory parameters-a randomized controlled crossover study.* Molecular Nutrition Food Research

[31] Campbell TM, Campbell EK, Attia J, et al. (2023). *The acute effects of a DASH diet and whole food, plant-based diet on insulin requirements and related cardiometabolic markers in individuals with insulin-treated type 2 diabetes.* Diabetes Research Clinical Practice

[32] Melnik, B (2015): *Milk – A nutrient System of Mammalian Evolution Promoting mTORC1-Dependent Translation.* Int J Mol Sci, 16 (8), 17048–87

[33] Vuksan V et al. (2000). *Beneficial effects of viscous dietary fiber from Konjac-mannan in subjects with the insulin resistance syndrome* Diabetes Care Januar 2000; 23(1): 9–14

[34] Fujioka K, Greenway F, Sheard J, Ying Y (2006). *The Effects of Grapefruit on Weight and Insulin Resistance: Relationship to the Metabolic Syndrome.* Journal of Medicinal Food, 9(1), 49–54

[35] https://www.aerztezeitung.de/Medizin/Antidiabetische-Pflanzenstoffe-entdeckt-239213.html

[36] Axelsson AS et al. (2017): *Sulforaphane reduces hepatic glucose production and improves glucose control in patients with type 2 diabetes. Science Translational Medicine*, Vol. 9, Nr. 394

[37] Adriano LS., Dionísio AP. et al. (2019). *Yacon syrup reduces postprandial glycemic response to breakfast: A randomized, crossover, double-blind clinical trial.* Food Res Int.;126:108682

[38] Genta S., Cabrera W. et al. (2009). *Yacon syrup: beneficial effects on obesity and insulin resistance in humans.* Clin Nutr.28(2): 182–187

[39] Rubinsztein DC, Frake RA (2016): *Yoshinori Ohsumi's Nobel Prize for mechanisms of autophagy: from basic yeast biology to therapeutic potential.* J R Coll Physicians Edinb, 46 (4), 228–233

[40] Tinsley GM, Forsse JS, Butler NK, Paoli A, Bane AA, La Bounty PM, Morgan GB, Grandjean PW (2017): *Time-restricted feeding in young men performing resistance training: A randomized controlled trial.* Eur J Sport Sci, 17 (2), 200–207

[41] Varady KA, Bhutani S, Klempel MC, Kroeger CM, Trepanowski JF, Haus JM, Hoddy KK, Calvo Y (2013). *Alternate day fasting for weight loss in normal weight and overweight subjects: a randomized controlled trial.* Nutr J, 12 (1), 146

[42] Varady KA, Hellerstein MK (2007). *Alternate day fasting and chronic disease prevention: a review of human and animal trials.* Am J Clin Nutr, 86 (1), 7–13

[43] Carmandola S, Mattson MP (2017). *Brain metabolism in health, aging, and neurodegeneration.* FMBO J, 36 (11), 1474–1492

[44] Gershuni VM, Yan SL, Medici V (2018). *Nutritional Ketosis for Weight Management and Reversal of Metabolic Syndrome.* Curr Nutr Rep, 7 (3), 97–106

[45] Sinclair DA, Guarente L (2014). *Small-molecule allosteric activators of sirtuins.* Annu Rev Pharmacol Toxicol, 54, 363–380

[46] Anton SD, Moehl K et al. (2018). Flipping the metabolic switch: understanding and applying the health benefits of fasting. Obesity 26(2), 254–268

[47] Malinowski B, Zalewska K et al. (2019). *Intermittent fasting in cardiovascular disorders – an overview.* Nutrients 11(3). pii:E673

[48] Templeman I, Gonzalez JT et al. (2019). *The role of intermittent fasting and meal timing in weight management and metabolic health.* Proc Nutr Soc 26:1–12

[49] Forslund SK (2023). *Fasting intervention and its clinical effects on the human host and microbiome.* J Intern Med.; 293:166–183.

[50] Paulmann N, Grohmann M, Voigt JP, Bert B, Vowinckel j, Bader M, Skelin M, Jevšek M, Fink H, Rupnik M, Walther DJ (2009). *Intracellular Serotonin Modulates Insulin Secretion from Pancreatic Beta-Cells By Protein Serotonylation.* PLoS Biol. 2009 October; 7(10)